Anke Taylor • DU und ICH – Liebe ist so einfach

Anke Taylor

DU und ICH -
Liebe ist so einfach

Für alle, die mehr Harmonie in ihre Liebe
und in ihr Leben bringen wollen

FRIELING

Bibliografische Information der Deutschen Nationalbibliothek
Die Deutsche Nationalbibliothek verzeichnet diese Publikation in der Deutschen Nationalbibliografie;
detaillierte bibliografische Daten sind im Internet über http://dnb.d-nb.de abrufbar.
© Frieling-Verlag Berlin • Eine Marke der Frieling & Huffmann GmbH
Rheinstraße 46, 12161 Berlin
Telefon: 0 30 / 76 69 99-0
www.frieling.de

ISBN 978-3-8280-2712-1
1. Auflage 2009
Umschlagentwurf: Anke Taylor
Sämtliche Rechte vorbehalten
Printed in Germany

DU und ICH

Ich möchte mit Dir sein, ohne von mir wegzugehen,
und Dich lassen können, ohne Dich zu verlassen.
Ich möchte mich geben, ohne mich aufzugeben,
und Dich nehmen, ohne Dich zu vereinnahmen.
Ich möchte mich Dir zeigen, ohne mein Gesicht zu verlieren,
und Dich sehen, ohne ein Bild von Dir zu haben.
Ich möchte mit Dir ein WIR lernen,
ohne mein ICH und Dein DU zu verlieren.

Ich möchte mit Dir über den Horizont des Alltäglichen hinausfliegen –
in ein Leben, wo nicht blinder Verstand regiert, sondern sehendes Gefühl;
wo nicht harter Zwang dominiert, sondern zartes Spiel;
wo das ICH lächelnd im DU aufgeht
und in Liebe, reiner Liebe, seinen tiefsten Sinn versteht.

– Autor unbekannt –

Von ganzem Herzen danke ich meinem lieben Mann Bill,
der mich während der Zeit des Schreibens unermüdlich mit der
ihm eigenen so liebenswerten besonderen ruhigen Art stets
unterstützt hat und mir immer wieder Mut gemacht hat,
wenn ich schon mal aufgeben wollte.

Unseren Kindern gilt mein innigster Dank für ihr Einverständnis,
dass ich so offen über unsere Familie sprechen durfte.

Patricia Müller gilt mein großer Dank, denn sie war es,
die mir den letzten Anstoß zu diesem Buch gegeben hat und
außerdem sehr selbstlos für mich als Lektorin tätig war.

„Last, but not least" geht mein besonderer Dank
an Herrn Horst Bierkandt, meinen jahrelangen Therapeuten,
da ich ohne ihn nie das hätte erreichen können,
was ich erreichen durfte.

Anke Taylor

Inhalt

Lieber Leser,

wenn Du dieses Buch gekauft hast, hast Du die wichtigste Voraussetzung erfüllt und die richtige Entscheidung getroffen, und zwar:
Du willst in Deinem Leben etwas verändern!
Dabei möchte ich Dir helfen. Ich spreche Dich so persönlich an, weil es mir das Gefühl gibt, damit die notwendige Nähe zu schaffen, um mit Dir auf gleicher Augenhöhe zu kommunizieren.

Ich bin kein Psychologe oder Psychiater, bin kein Therapeut oder Wissenschaftler – ich bin einfach eine seit fast fünfundvierzig Jahren verheiratete Frau, die ihre Erfahrungen weitergeben möchte. Es waren eben auch bei mir nicht nur traumhafte Jahre; auch ich bin durch viele Höhen und Tiefen gegangen. Heute bin ich rundum zufrieden und glücklich, und daran sollst Du teilhaben. Ich habe es mir mühsam erarbeitet, und das leider erst in späteren Jahren. Vielleicht kann ich Dir helfen, dass Du schon jetzt diesem Glück etwas näher kommst.

Es gibt so viele Bücher zum Thema Liebe und Partnerschaft, viele davon habe ich gelesen und vieles von dem Gelesenen hat mir weitergeholfen. Die wahren Erzählungen von Menschen waren für mich immer die besonders glaubwürdigen, und diese Erkenntnis hat wiederum bei mir den Wunsch ausgelöst, auch meine Geschichte mit anderen zu teilen. Es geht mir nicht so sehr um theoretische Erklärungen, sondern eher darum, Dir an praktischen Beispielen zu zeigen, wie das Leben lebenswerter zu gestalten ist. Zu wissen und zu lernen von dem, was mir, meiner Familie und auch den mir nahestehenden Menschen gutgetan hat, kann auch für Dich nur von Vorteil sein.

Es sind oft die kleinen Dinge, die den Weg in die positive Richtung frei machen!

Es vergeht kein Tag, an dem ich nicht eine große Dankbarkeit verspüre, dass ich meine Chance zur Veränderung genutzt habe. Sie kam langsam, sehr langsam, und es hat mir viel Geduld abverlangt, hat mich zeitweise mit Wut, Verzweiflung, Trauer und den unterschiedlichsten Gefühlen erfüllt, so dass ich mich oft selbst nicht wiedererkannte. Aber es hat dem letzten Drittel meines Lebens so viel mehr

Qualität gegeben, so viel mehr Freude und Gelassenheit – und damit auch so viel mehr Glück und Zufriedenheit.

Natürlich wirst Du nicht alles und schon gar nicht alles sofort umsetzen können. Setze Deine Ziele nicht zu hoch. In den einzelnen Kapiteln habe ich die verschiedensten zwischenmenschlichen Probleme behandelt. Nutze diese Dinge, probiere sie aus in Deiner Partnerschaft und Du stellst fest, wie jeder kleine Schritt Dich der positiven Veränderung näher bringt.

Jeder Mensch ist anders, und auch Du wirst nicht all meinen Erfahrungen zustimmen. Mein Glück muss nicht Dein Glück sein. Aber ich bin sicher, auch für Dich ist der eine oder andere grundsätzliche Tipp dabei. Ich möchte einfach mit Dir plaudern. Im weitesten Sinne kannst Du es mit einem Kochbuch vergleichen. Daraus nimmst Du ja meist auch nur einige Rezepte, die Dich besonders ansprechen, und kochst nicht alle nach. So soll es auch mit diesem Buch sein: Suche Dir das heraus, was Dich anspricht.

Wenn Du das Buch gelesen hast, möge der Wunsch bestehen bleiben, Dich verändern zu wollen, Dich selbst und Dein Gegenüber intensiver wahrzunehmen und somit weiter in die richtige Richtung zu marschieren. Ich wünsche Dir viel Glück und Erfolg dabei!

Anmerkung: Wenn ich von „er" oder „ihm" spreche, so kann es jeweils durch „sie" oder „ihr" ersetzt werden; es liest sich besser, wenn ich bei einem Geschlecht bleibe und dieses „er/sie" und „ihm/ihr" vermeide.

Von mir, über mich und meine Familie

Ich erzähle Dir ein wenig von mir, damit Du weißt, mit wem Du es zu tun hast. Ich möchte Dir nicht anonym begegnen, sondern ein „reales" Gegenüber für Dich sein, sozusagen ein „Mensch wie Du und ich" – ein Mensch zum Anfassen.

Am 21. Mai 1942 wurde ich geboren. Ich kam als Nachzügler auf die Welt; meine Mutter war „schon" neununddreißig Jahre alt; mein Halbbruder bereits zweiundzwanzig und meine Schwester zwanzig Jahre älter als ich. Mein Vater erschoss sich zwei Monate vor meiner Geburt. Meine Mutter stammte aus reichem Hause, durfte keinen Beruf erlernen (so war das damals noch!) und hatte es sehr schwer, mich großzuziehen. Ich wuchs zusammen mit ihr und ihrer Schwester auf. Sie tat ihr Bestes, aber sie war schon eine harte Frau, und heute weiß ich, dass ich nicht die Liebe und Nähe bekommen habe, die ich so sehr gebraucht hätte. Immer schien man Ansprüche an mich zu haben, die ich nicht erfüllen konnte. Hätte man mich gelassen, hätte man mich von selbst kommen lassen und vor allem mir mehr Vertrauen geschenkt, dann hätte ich sicher mehr Selbstvertrauen entwickelt und in jeder Beziehung mit meinem Leben eine Menge mehr erreichen und anfangen können. Wahrscheinlich ist schon meine Mutter in vielem zu kurz gekommen; viel später habe ich gelernt, dass man immer nur das weitergeben kann, was man selbst erfahren hat. Alles andere ist ein mühsamer Lernprozess.

Nach meiner Ausbildung zur Apothekenhelferin ging ich nach England als Au-pair-Mädchen. Fern von zu Hause, fern vom mütterlichen Einfluss hatte ich erstmals das Gefühl, dass ich mich frei entwickeln konnte und durfte. Und dann hat mir der Himmel dort meinen Mann geschickt (wir haben 1964 geheiratet, gingen ein Jahr später nach Deutschland; 1966 und 1969 wurden unsere beiden Töchter geboren). Dieser Mann hat so unendlich viel dazu beigetragen, dass mein Selbstbewusstsein und mein Selbstvertrauen wachsen konnten. Die „wahre" Anke – die, die ich heute bin – hat sich erst im Laufe vieler

Jahre Therapie entwickeln können. Heute lebe ich sehr nach dem Motto, mit dem mich mein lieber Mann Bill vertraut gemacht hat: „Ich bin hier, um anderen Menschen zu helfen!" Allerdings wollen wir uns selbstverständlich auch weiterhin selbst helfen und selbst lernen. Ich sage immer, wenn man aufhört, lernen zu wollen, dann ist das Leben vorbei.

Das Kennenlernen

Mit dem Kennenlernen fangen die Probleme eigentlich schon an – nur man merkt es nicht.

„Liebe macht blind" sagt man, und genau das passiert mit uns. In dem Moment, da wir uns verlieben, schauen wir bereits durch eine rosarote Brille und sehen, was wir sehen wollen. In den ersten Wochen und Monaten zeigen sich die Menschen von ihrer „Schmuckseite" und erschweren daher, dass man den wirklich wahren Charakter erkennen kann. Auf der einen Seite wollen sie den anderen für sich gewinnen, auf der anderen Seite sind sie durch die Schmetterlinge im Bauch von Glückshormonen beflügelt. Daher ist es neben dem genauen Hinschauen so wichtig, sich selbst authentisch zu zeigen und zu verhalten.

Selbstverständlich fallen uns so ganz nebenbei auch schon am Anfang ein paar Schönheitsfehler auf, die wir meist aber sofort wieder aus unseren Gedanken streichen mit „Ach, das krieg' ich schon hin!" oder „Das gibt sich bestimmt!". Dieses Hin-und-her-Geeiere mit „Wenn ich/wir erst einmal *das* … und *das* … – dann wird es schon werden" musst Du Dir von vornherein abschminken.

Genau hingucken und gleich zu Anfang Klarheiten schaffen! Für jetzt und für später gilt: Du kannst nur in den Punkten Klarheit schaffen, die Du auch siehst. Wenn Du sie allerdings siehst, heißt es ansprechen und klären, bevor sich die Probleme zu einem „Feuerball" anstauen.

Der Grundstein des Verstehens, die Basis der Partnerschaft, wenn sie gut verlaufen soll, wird zu Beginn geprägt, und auf diesem Grundstein kannst Du dann später aufbauen. Hast Du Dich auf zu viele Illusionen eingelassen und zu viele eigentlich ungewollte Kompromisse zugelassen, entstehen in der weiteren Zukunft viele eingefahrene Verhaltensmuster, aus denen Du Dich nur schwer wieder befreien kannst.

So vieles bleibt naturgemäß sowieso unbehandelt am Anfang. Oder hast Du jemals beim Kennenlernen in den ersten Wochen und Monaten bereits gewusst, ob Dein Partner lieber Urlaub an der See oder lieber Urlaub in den Bergen macht? Du meinst, das sei unwichtig?

Täusche Dich da nicht. Bei Bill und mir stellte sich zwar heraus, dass wir beide das Meer mochten und mit den Bergen nicht so viel am Hut hatten, insofern war das kein Problempunkt bei uns, aber wir kennen Leute, da geht bei jeder Urlaubsplanung das Gezanke los – es wird gefeilscht, wer Recht bekommt und sich nun dieses Mal durchsetzen darf. Es wäre schön, gut und richtig, wenn bei einer solchen ungleichen Konstellation sofort beim ersten Auftreten klare Abmachungen getroffen würden. Und ich meine nicht „Der Klügere (Schwächere?) gibt nach", sondern ich meine, dass es am Anfang schon eine ernsthafte sachliche Diskussion darüber geben muss. Immer mit dem Augenmerk, wie wichtig ist *mir* die Sache und wie wichtig ist *Dir* die Sache. Und wichtiger, als Deine eigenen Ansichten zu vertreten, ist das wirkliche Zuhören und das Registrieren dessen, was Dein Partner Dir zu sagen hat. Es darf nicht darum gehen, wer gewinnt, sondern es muss darum gehen, wie ein grundsätzlicher Kompromiss gefunden werden kann, mit dem beide zufrieden sind, bei dem sich beide verstanden und wahrgenommen fühlen.

Wie ist es mit dem Musikgeschmack? Wenn dabei der Unterschied zwar groß, aber keinem von beiden es eine besondere Herzensangelegenheit ist, lässt sich das Miteinander darüber sicher leicht angehen. Ist eine bestimmte Musikrichtung aber ein Hobby bei dem einen (wie zum Beispiel bei einer Tochter von uns hauptsächlich Rock) und Konzerte sowie CDs gehören zu einem Großteil der Freizeit – für einen solchen Menschen wäre ein Partner, der gern „normale" Schlager hört, ein Horror. Das könnte die Partnerschaft zum Scheitern verurteilen oder aber beide verbringen sehr viel Zeit getrennt voneinander, und das wiederum führt bei Übermaß sicher eher zur Entfremdung als zur gegenseitigen Befruchtung. Oder Sport: Der eine würde am liebsten dreimal in der Woche ins Fitness-Center gehen, für den anderen ist Sport = Mord – das brächte gleiche Gegebenheiten wie bei der Musik.

Selbstverständlich gibt es auch hier die positive Variante, dass man durch den Partner zum Sport geführt wird oder durch ihn die Begeisterung an anderen Musikrichtungen oder sonstigen Interessen geweckt wird. Ein Problem entsteht nur, wenn diesbezüglich extrem gegensätzliche bzw. nur einseitig isolierte Interessen aufeinanderstoßen.

So gibt es viele Beispiele: Bin ich ein Morgen- oder ein Abendmensch, ist mein Partner ein Morgenmuffel und ich selbst vielleicht beim ersten Augenaufschlag bereits eine Quasselstrippe?

Was ich sagen will, ist, dass Du schon beim Kennenlernen sehr genau hinschauen und bei aller Verliebtheit Dir immer im Klaren sein musst: Was Dich jetzt stört, wird Dich immer und immer wieder stören. Ganz am Anfang sind alle sehr bemüht. Aber wie oft habe ich es erlebt, dass schon nach kurzer Zeit ein Partner auf dem Sofa saß und keine Lust mehr hatte, mit dem anderen etwas zu unternehmen und Couch sowie TV vorzog. Also Achtung! Wehret den Anfängen. Versuche zu ergründen, ob solche ersten Anzeichen eine Ausnahme darstellen oder aber sich eine grundlegende Gewohnheit einschleicht.

Ich glaube an Vorbestimmung, und ich glaube, dass nichts ohne Grund auf dieser Erde geschieht, auch das Kennenlernen zweier Menschen nicht. Nur – und da liegt der Haken – wir wissen natürlich nicht, was der Grund ist. Wir können nicht vorhersagen, ob Dein jetziger Partner das Nonplusultra für Dich sein wird oder aber ob Du in der Zeit mit ihm nur gewisse Dinge lernen und begreifen sollst. Also, wenn Du nicht nur an oberflächlichen Bekanntschaften und/oder Bettgeschichten interessiert bist, musst Du in *jeder* Partnerschaft den optimalen Einsatz bringen. Nachdem eine Beziehung in die Brüche gegangen ist (sei es im Guten oder Bösen), ist Dir sicher nicht nur bewusst geworden, was alles schlecht daran war, sondern Du konntest auch das eine oder andere Positive aus dieser Verbindung für Dich mitnehmen. Sowohl von den positiven als auch von den negativen Erlebnissen in verflossenen Partnerschaften kannst Du für die Zukunft immer etwas lernen. Daraus kannst Du Dein eigenes negatives Verhalten analysieren, daran arbeiten und für Dich zukünftig Fehler vermeiden sowie dem von Dir empfundenen negativen Verhalten des Verflossenen bei einer erneuten Partnersuche aus dem Weg gehen. Oft ist es leider so, dass Du immer wieder auf den gleichen Typ Mensch mit den gleichen Eigenschaften „reinfällst". Das liegt daran, dass Du dieses Verhaltensmuster kennst, Dich dabei „aufgehoben und sicher" fühlst und die vorprogrammierte Katastrophe erst merkst, wenn es „mal wieder" nicht gut gegangen ist. Es ist schon ein Kraftakt, sich aus diesem Teufelskreis zu befreien. Das geht nicht von heute auf morgen, und es geht auch nur, wenn Du Dich selbst kritisch betrachten kannst und versuchst, Dich mit der Kritik des Gegenübers an Dir ernsthaft auseinanderzusetzen.

So manches Mal habe ich es auch erlebt, dass zwei Menschen es einfach nicht schafften, zueinander zu finden. Sie liebten sich, sie wollten eine gemeinsame Zukunft aufbauen, aber sie standen sich beide häufig so sehr gegenseitig im Weg, dass sie einen wirklichen Beginn einer Partnerschaft nicht oder nur sehr mühsam und/oder reichlich spät schafften. Keiner wollte oder konnte den so wichtigen „ersten Schritt" machen. War der eine bereit, fing der andere an zu diskutieren und alles zu zerreden – dann war der Anfang „mal wieder verpatzt". War der andere endlich bereit für eine Zweisamkeit, war der Erstere inzwischen so verunsichert und eventuell auch verängstigt, dass er sich nicht mehr festlegen wollte. Und so spielten sie sich ständig aufs Neue immer wieder den Ball zu. Was passierte da?

Oft stehen Ängste dahinter, den Menschen, den Du liebst, zu enttäuschen, ihm nicht zu genügen, oft ist es auch einfach reine wunderschöne Überwältigung, durch die Du innehältst. Ein kurzes Zögern, und das Gegenüber – mit ähnlichen oder den gleichen Ängsten behaftet – interpretiert Zurückweisung und zieht sich zurück. Oft hat einer oder haben sogar beide eine zu sehr fixierte Vorstellung von dem romantischen „filmreifen" „ersten Schritt". Also, wenn beide sich sehnen nach der Nähe und Zärtlichkeit des anderen – solltet Ihr nicht so viel darüber nachdenken und planen, sondern einfach in einer Art „Selbstverständlichkeit" endlich agieren.

Viele Menschen machen es sich einfach zu schwer. Sie sind zu empfindlich, das Gegenüber muss ständig jedes Wort auf die Goldwaage legen, da er sonst Gefahr liefe, wieder ins Fettnäpfchen zu treten.

Solltest Du Dich gerade in einer Partnerschaft befinden, die noch keine richtige ist, die Du aber schon seit langer Zeit „vorbereitest" und Dir wünschst – höre auf mit dem ständigen Hin und Her. Mache klare Ansagen: Stelle klare Fragen, erwarte klare Antworten und macht dann gemeinsam eine klare Planung. Oft hilft auch der einfache Satz in seiner ganzen Schlichtheit: „Ich will ab jetzt richtig mit Dir zusammen sein und bei Dir bleiben!" Wenn Dein Partner nicht den ersten Schritt macht, wage es selbst. Geht es daneben, weißt Du endlich, woran Du bist. Kommt Dein Partner endlich in die Puschen, dann (wenn Du ihn doch liebst und willst) lasse Dich auch einmal darauf ein, ohne Wenn und Aber, und sei nicht so zögerlich. Auch an diesem Sprichwort ist viel Wahres dran: „Wer nicht wagt, der nicht gewinnt!"

Bei aller Liebe, bei aller Verliebtheit und bei allen guten Vorsätzen – vergiss nie, dass „Glück" nicht von allein erhalten bleibt. Glück, einmal erlangt, ist nicht automatisch ein Dauerzustand und bleibt in dieser herrlichen Form fortan so vorhanden. Du musst immer und immer wieder etwas dafür tun; immer wieder musst Du es neu erarbeiten und wiederbeleben. Auch heute in meinem Alter kann ich mich nicht auf dem Erreichten tatenlos ausruhen. Eine Partnerschaft muss in Bewegung bleiben, sie muss gepflegt werden. Stillstand ist tödlich.

Ehrlichkeit

Für mich ist Ehrlichkeit eine ganz wesentliche Voraussetzung für eine Partnerschaft. Sicher gibt es „erlaubte" Notlügen, aber die Basis sollte auf einem soliden Gerüst aus absoluter Ehrlichkeit aufgebaut sein. Manche Wahrheiten tun weh, aber nach der Erkenntnis einer Wahrheit kann ich neu anfangen, mich neu orientieren. Bei einer Lüge kann ich mich nicht einbringen, denn ich bleibe (bis die Wahrheit ans Licht kommt) im Dunkeln.

Wenn jemand lügt, ist ja irgendetwas geschehen, das „schlimm" ist, das „nicht erlaubt" oder das von vornherein schon „verboten" war. Jemand, der lügt, erhofft sich einen gewissen Vorteil durch diese Lüge. Du darfst nur nie dabei vergessen, dass durch eine Lüge eine Unwahrheit entsteht; das heißt, es entsteht etwas (für den anderen), das nicht real ist. Wenn der eine Partner lügt, so ist dadurch eine echte Kommunikation ausgeschlossen, denn beide Partner befinden sich nicht mehr auf dem gleichen Pfad, sie haben nicht mehr die gleiche Grundlage für eine Diskussion. Im Falle einer Lüge gehen bei einem Gespräch zwei Menschen von zwei verschiedenen „Wahrheiten" aus, und damit verstrickt Ihr Euch durch Diskussionen immer mehr in einem Gestrüpp von Lügen und Halbwahrheiten, eine Lösung irgendwelcher Probleme ist damit ausgeschlossen.

Wenn Du etwas gemacht hast, wovon Du meinst, es Deinem Partner nicht mitteilen zu können bzw. ihn deswegen anlügen zu müssen, vergiss nie, dass Vertuschen gleichzusetzen ist mit Heimlichkeit, und Heimlichkeit auf Dauer aufrechtzuerhalten, kann verdammt anstrengend sein. Ganz abgesehen davon: Wenn es eines Tages herauskommt, ist nicht nur die Tatsache dessen, was Du „verbrochen" hast, für den Partner zu verdauen, sondern zusätzlich – und oftmals wiegt das schlimmer als die Tat selbst – muss er das schlimme Gefühl verkraften, dass er oft wochenlang oder noch länger belogen und hintergangen worden ist.

Es gibt das Sprichwort „Lügen haben kurze Beine". Mache Dir einfach immer wieder klar, dass eine Lüge am Ende fast immer herauskommt. Du solltest immer alles ansprechen und ehrlich mit Deinem Partner umgehen. Einmal verhinderst Du damit, dass Dein Partner mehr als nötig verletzt wird, und zum Zweiten stellst Du Dich Deinem anstehenden Problem, ohne es durch Lügen und/oder Vertuschen auf die lange Bank zu schieben. Dies scheint im ersten Moment der einfachere Weg zu sein.

Ich selbst bin ein extrem ehrlicher Mensch, und ich behaupte immer, dass keine Wahrheit so schlimm sein kann, als dass sie mit einer Lüge verdeckt werden darf. Ich muss gestehen, dass ich diese „totale" Ehrlichkeit auch schon überstrapaziert habe; früher des Öfteren, heute nur noch äußerst selten. Sowohl im Beruf als auch privat bin ich so „ehrlich" mit anderen Menschen umgegangen, dass es oftmals unter die Gürtellinie ging. Also bitte auch Vorsicht vor übertriebener Ehrlichkeit. Ein bisschen weniger Wahrheit im Sinne von Direktheit ist schon auch angebracht. Ich habe einem Menschen, für den ich gearbeitet habe, so viele „Wahrheiten" an den Kopf geknallt, dass es einfach nur beleidigend und nicht mehr klärend war; ich wundere mich bis heute, dass das kein Nachspiel hatte. Einer guten Bekannten habe ich auch in einer Mail „nichts als die Wahrheit" gesagt, allerdings waren die Wortwahl und wie ich es ausgedrückt hatte voll daneben. Beide Beispiele sind aus einer enormen Wut heraus entstanden. Daher mache es Dir zum Prinzip: Ob Du drauf und dran bist, Deinen Partner anzulügen oder ob Du eine unangenehme (oft lange aufgestaute) Wahrheit sagen willst, tue es nie sofort und schon gar nicht im Zorn, sondern schlafe erst einmal eine Nacht darüber. Es hilft immer, alles mit ein wenig Abstand zu betrachten und erst dann zu handeln.

Ich halte es für sehr wichtig, sich gegenseitig von Begegnungen zu erzählen, die man während der Abwesenheit des Partners macht. Man schützt einerseits die Partnerschaft damit vor „Angriffen und Einbrüchen von außen" und schafft gleichzeitig einen weiteren Baustein des Vertrauens.

Bill und ich praktizieren gegenseitig wirklich die absolute Ehrlichkeit, wir erzählen uns immer alles, und wir sind mit diesem Verhalten sehr gut gefahren. Allerdings will ich auch nicht ausschließen, dass es bei vielen Menschen ohne weiteres Sinn machen kann, wenn der

Partner nicht alles weiß. Dies praktizieren viele. Wenn Dein Partner nicht weiß, was Du Deiner Freundin alles über Deine Ehe erzählst, so ist das vertretbar. Verschweigst Du aber zum Beispiel, dass Du mit dem Mann Deiner Freundin ein Verhältnis hast, so ist das eben kein vertretbares Verschweigen mehr, sondern eine ausgewachsene und zu verurteilende Lüge.

Dieses Kapitel ist eng verknüpft mit dem nächsten, der Kommunikation. Schließlich wird jegliche Kommunikation ohne Ehrlichkeit in Frage gestellt, und jede Ehrlichkeit nützt Dir wenig, wenn Du sie nicht kommunizieren kannst.

Kommunikation

Kommunikation ist das A und O in einer Beziehung. Es ist die wichtigste Grundvoraussetzung, und dennoch wird sie am meisten vernachlässigt. Übrigens auch beim Umgang mit Kindern oder dem sprachlichen Austausch im Arbeitsleben besteht häufig ein großes Defizit. Die „richtige" Kommunikation schafft Wohlbefinden in allen Bereichen Deines Lebens.

Es mangelt ganz schlicht und einfach zum einen daran, dass Du nicht wirklich aussprichst, was Du möchtest; zum anderen hapert es an dem wirklichen Zuhören und Registrieren dessen, was Dein Gegenüber Dir zu sagen hat.

Ich war ein Musterbeispiel dafür, wie man es nicht machen soll. Ich bin eher der temperamentvollere, mein Mann eher der ruhigere und besonnene Typ. Ich war immer schon wortgeschickter und „wusste", wie ich ihn treffen konnte, und habe ihn oft im wahrsten Sinne des Wortes tot geredet. Ich habe ihn geschafft. Letztendlich hat er dann gar nichts mehr gesagt, weil er sich erdrückt gefühlt hat, und meinte oft nur noch resigniert: „Ich sage ja sowieso immer nur das Falsche!" Je weniger er aber sagte, desto wütender wurde ich, dass er „mal wieder nichts zu sagen hatte".

Als wir begannen, uns zu verändern, hat er seine Gedanken und seine Gefühle mehr äußern und beschreiben können. Er konnte mir dann sagen und erklären, was in ihm vorgeht, wenn ich so mit Worten auf ihn eindresche: Es wäre, als ob seine Gedanken in seinem Hirn „Karussell" führen; er könne die einzelnen Gedanken nicht mehr klar sehen und fühlen, es wäre alles nur noch ein undurchdringliches Chaos. Durch seine Erklärung konnte ich ihn besser verstehen; durch das Verständnis wiederum mich ihm gegenüber anders verhalten. Indem ich mich mehr zurücknahm, hatte er die Chance, mehr aus sich herauszukommen. Ich begriff, dass ich ihm in der Vergangenheit ständig den Freiraum zum Denken genommen hatte. Es stimmte nicht, dass er nicht mit mir reden *wollte*; Tatsache war, dass er es nicht mehr *konnte*, weil ich ihn verbal so erdrückt habe, dass er keinen klaren Gedanken mehr fassen und diesen schon gar nicht auch noch in Worten ausdrücken konnte.

Auch heute können noch ab und zu solche Situationen entstehen (Gott sei Dank jetzt eher seltener – und wenn, dann in abgeschwächter Form), aber sie eskalieren nicht mehr in der damaligen Art. Zum einen liegt es daran, dass Bill *äußern* kann, was er fühlt; er kann mir *mitteilen*, wenn mein Gerede zu viel wird, und er kann liebevoll *fordern*, dass ich aufhören soll. Ich für meinen Part kann ihm inzwischen zuhören, was er zu sagen hat, und kann, wenn nötig, mich dementsprechend auch zurücknehmen. Ich zeige Geduld. Selbst wenn mir ein Thema wirklich unausweichlich wichtig ist und es mir so sehr unter den Nägeln brennt, dass ich es nicht ungeklärt im Raum stehen lassen kann, werde ich es zu einem späteren Zeitpunkt noch einmal anbringen, wenn die Atmosphäre diesbezüglich sich beruhigt hat. Und auch Bill wird dann wieder offen sein für die Argumente. Also: mit Geduld und Besonnenheit Probleme angehen in einer Diskussion und nicht versuchen, alles mit der Brechstange durchzusetzen. Nimm Dir Zeit und Ruhe für ein Gespräch und versuche nicht, ein Problem „mal eben" zwischen Tür und Angel zu regeln.

Natürlich gibt es nicht immer eine wunderbare Einigung oder einen tollen Kompromiss, und alles ist Friede, Freude, Eierkuchen. Aber mal gibt der eine nach, mal der andere – ich würde es bei uns so formulieren, dass es immer derjenige ist, der es in dem Moment gerade besser aushalten kann, sich selbst und seine Wünsche zurückzunehmen. Die andere Kunst liegt darin, dass bei Themen, bei denen einfach überhaupt keine Einigung, kein Kompromiss und keinerlei Nachgeben möglich ist, sich die beiden Parteien dazu durchringen und einigen müssen, diese zwei verschiedenen Meinungen im Raum stehen zu lassen. Punkt! Ende!

Es nützt Dir nichts, noch einmal und immer wieder davon anzufangen. Es ist vergeudete Energie! Mein Gott, hat das lange gedauert, bis ich das kapiert habe! Wie viel Leid und unnötige Zankereien hätten wir uns ersparen können. Und ich hatte noch Glück, denn ich habe einen Mann, der unglaublich ruhig und gelassen ist. Ganz ehrlich, ich weiß nicht, wie unsere Ehe ausgegangen wäre, hätte ich so einen Hitzkopf geheiratet, wie ich einer war. Bei aller Therapie und allem gutem Willen, Veränderungen zu erreichen, hängt sicherlich auch einiges von dem Grad der Erregbarkeit der beiden Partner ab. Je mehr Temperament vorhanden, desto mehr sind Geduld und Disziplin erforderlich.

Es geht doch oft genug um ganz banale Dinge. Früher, als wir noch kein Navigationsgerät im Auto hatten (für uns ist es wirklich ein Geschenk des Himmels!) und in Bedrängnis kamen, weil wir uns mal wieder verfranst hatten oder mal wieder nicht wussten, in welche Richtung wir wie fahren sollten, da hätte man ja mal jemanden fragen können. Meistens fing ich an mit den Sprüchen: „Du bist jetzt schon bestimmt dreimal hier im Kreis gefahren. Frag doch mal jemanden, wenn Du schon nicht weißt, wie Du fahren musst!" Dann er: „Ich finde das schon!" Ich: „Natürlich findest Du es nicht, sonst hättest Du es doch schon längst gefunden! Da, da vorn – da steht doch jemand. Halte an und frag ihn!" Er: „Frag Du doch!" Ich: „Wieso ich? Du fährst doch, Du willst doch wissen, wo es langgeht!" Solche oder ähnliche Unterhaltungen haben wir tausendmal geführt, bis wir beide mit wütendem Gesicht und verdorbener Laune dasaßen. Meist kam schließlich einer mit „Okay, dann frag ich eben jetzt!", oft mit dem Nachsatz „Du hättest es aber wirklich selbst machen können!".

Was geschah bei diesen Gesprächen tatsächlich? Viel später haben wir herausgefunden, dass wir beide damit ein Problem hatten, zu fragen, dass wir beide Schwierigkeiten hatten, zu formulieren, und dass wir beide uns ungern so bloßstellen wollten, weil wir dabei das Gefühl bekamen, zu „blöd" zu sein. Wir hätten uns nur offen unsere Gefühle diesbezüglich mitteilen sollen, denn dann hätte der andere verstehen und/oder auch von seinen ähnlichen Gefühlen und Gedanken berichten können, und diese gegenseitigen Schuldzuweisungen wären überflüssig geworden.

Später lief es so ab bei uns: Wenn wir in eine solche Situation gerieten, fragte immer einer von uns den anderen: „Wie sieht das aus? Könntest Du fragen – oder soll ich?" Wir haben dann kurz besprochen, wem es an dem Tag zu dem Zeitpunkt wohl leichter fallen würde, und auf diese Weise haben wir immer eine Lösung gefunden; vor allem eine, die für beide Seiten ohne Stress verlief. Derjenige, der gefragt hatte, war stolz, seinen eigenen Schweinehund überwunden zu haben, und es blieb auch das Gefühl, dem Gegenüber sozusagen aus der Patsche geholfen zu haben. Bei dem anderen blieb das Gefühl: „Wie schön, dass ich so einen Partner habe, der mich versteht und heute, wo es mir so schwergefallen wäre, die Fragerei abgenommen hat."

Ein ganz wichtiger Punkt hier ist auch noch, dass Du möglichst vermeiden solltest, für den anderen zu denken. Denke nur für Dich selbst. Wenn Du die Gedanken Deines Partners wissen möchtest, frage ihn! Du – und das gilt besonders für die Frauen – meinst sehr häufig, die Gedanken des anderen ja schon längst zu kennen, aber dem ist oft nicht so.

Zu einem unserer Hochzeitstage sind wir ein paar Tage weggefahren und haben im Zuge dessen eine Glasbläserei besucht, die wir beide sehr faszinierend fanden. Nach ungefähr zwanzig Minuten dachte ich, dass es Bill langweilig wäre, und schlug vor zu gehen. Er willigte ein, und wir verließen diesen interessanten Ort. Durch Zufall kamen wir später bei einer Tasse Tee noch einmal darauf zu sprechen, und es stellte sich Folgendes heraus: Ich fand diese Glasbläserei unglaublich toll und wäre gern noch länger geblieben und hätte den Arbeiten dort noch länger zugeschaut. Da ich aber dachte, es würde Bill langweilen, schlug ich nach zwanzig Minuten vor zu gehen. Bill wiederum hätte ebenfalls noch sehr gern längere Zeit dort verbracht, gab dies aber auf, weil er der Meinung war, dass es mir zu langweilig dort geworden wäre. Das heißt, wir haben beide für den anderen gedacht und beide dem anderen zuliebe gehandelt. Das sind keine klaren Ansagen, und damit ist es eine sehr unzuverlässige und komplizierte Methode. Warum habe ich nicht einfach erklärt, wie toll und interessant ich es dort fand, und dann nachgefragt, wie er empfindet. Hätte er sich wirklich gelangweilt, hätte man ja einen Kompromiss finden können. Genauso, als ich ihm vorschlug zu gehen; anstatt es mir recht machen zu wollen, hätte er mir sagen müssen, dass er selbst noch gern geblieben wäre.

Wir haben uns auch heute nach über vierzig Jahren noch immer etwas zu sagen. Natürlich schauen wir abends auch Fernsehen – aber eben nicht jeden Abend. Wir lesen bei schöner Musik, wir spielen Karten – und an so manchen Abenden unterhalten wir uns nur. Es muss nicht immer etwas Wichtiges sein, es müssen nicht immer Probleme sein, die gelöst werden wollen. Einfach ein Austausch von Gedanken. Es ist irgendwie auch eine Demonstration von „*mich* interessiert, was *Du* denkst".

Als äußerst wichtig gebe ich Dir mit auf den Weg: Was immer auch an Streit vorfällt, vertrage Dich mit Deinem Partner, bevor Ihr Euch schlafen legt. Das Problem selbst kann ungeklärt bleiben, aber schließt eine Art „Waffenstillstand". Geht beide nicht wie Kampfhähne, sondern wie ein sich liebendes Paar zu Bett. So wird es am nächsten Morgen leichter fallen, eine gemeinsame Lösung zu finden. Staut jeder von Euch die ganze Palette von Wut, Aggression und Traurigkeit eine ganze Nacht lang in sich auf, so ist ein faires Aufeinanderzugehen am Folgetag mit Sicherheit schwieriger.

Wie oft habe ich gewollt, dass mein Mann ein bestimmtes deutsches Buch liest, besonders solche „Problem"-Bücher, weil ich schon immer meinte, daraus jedes Mal ein kleines bisschen mehr Hilfe zu bekommen. Frau kauft eben eher ein solches Buch als Mann. Frauen im Allgemeinen schauen auch eher in die psychologischen Probleme als Männer, da diese meistens doch mehr zu den Kopfmenschen gehören. Bill ist da nicht anders. Aber je mehr ich drängte, je eher verschloss er sich. Ich habe es später so gehandhabt, dass (wenn mir ein bestimmtes Buch ganz wichtig war) ich Geduld haben und auf den richtigen Zeitpunkt warten musste, beispielsweise auf eine längere Fahrt im Auto. Dann hatte ich das Buch eingepackt und las ihm während der Fahrt daraus vor. Das eine oder andere Mal habe ich auf diese Weise sein Interesse so weit dafür geweckt, dass er den Rest des Buches dann ganz von allein gelesen hat.

Bill hat später noch einige Jahre mit mir zusammen Therapie gemacht, was wir allerdings eher einem Zufall zu verdanken hatten. Er war immer der Meinung, dass es „toll" war, dass ich diese Therapie mache, er konnte auch die Fortschritte sehen, aber wenn ich irgendwann einmal ansprach, ob er denn nicht auch … da stieß ich auf eine Mauer. Für mich war es in Ordnung, aber für sich selbst sah er es ganz anders. Irgendwann hatte ich einmal meinen Therapeuten darum gebeten, meinen Mann mitbringen zu dürfen, damit er ihm von seiner „wissenden" Seite her meine Entwicklung erklären könnte sowie die ganzen Zusammenhänge, denn ich hatte immer Probleme, es in Worte zu fassen, damit Bill es verstand. Dieses Gespräch fand statt – und daraus resultierten dann noch viele gemeinsame Therapiestunden. Gleich in einer der ersten Stunden sagte Bill: „Aber eines muss klar sein, ich lasse mich hier nicht verbiegen!" Und schon war klar, warum er nie zur Therapie wollte; die Angst, „verbogen" zu werden, war ungeheuerlich. Es konnte dann sehr schnell klargestellt werden, dass in einer Therapie nie jemand „verbogen" oder „geformt" wird, sondern dass es alleinig Du selbst bist, der sich verändert, und der Therapeut nur dazu da ist, aufzudecken, zu erklären und Dir bei Deiner Veränderung zu helfen. Wenn Bill seine Ängste vor einer Therapie mir hätte mitteilen und ich ihm hätte ernsthaft zuhören können – sicher hätte sich dann eher etwas verändert.

Noch einmal: Das Mitteilen Deiner Gefühle und Gedanken und das ernsthafte Zu- und Hinhören bei Deinem Partner ist das A und O einer gut funktionierenden Partnerschaft. Schließlich sind wir alle keine Hellseher, die Dinge erraten können. Wir brauchen klare Ansagen, nur dann können wir auch klar reagieren.

Etwas ist mir noch ganz wichtig. Ob es dieses Buch ist, es sich um Religion, Esoterik, Diät oder eine Therapie handelt – egal, worum es im Leben geht: Du darfst nichts auf dieser Welt zu eng sehen! Jeder Fanatismus ist einfach tödlich. Bleib locker und werde nie zu eingleisig!

Was immer Du zu sagen hast und wem auch immer Du etwas sagst: Du solltest versuchen, nie zu schreien. Auch bei mir kommt es (leider) ganz selten noch vor, dass ich meine Stimme erhebe, weil ich mal wieder gerade soooo wütend bin. Meist aber kann ich es zurückhalten und behalte die normale Tonlage. Je mehr Du das beherrschst, desto besser werden auch Deine Argumentationen. Trägst Du Deine Meinung ruhig und in einer freundlichen Tonart vor, ist die Chance bedeutend größer, dass man Dir zuhört, als tätest Du das schreiend. Beim Schreien schaltet das Gegenüber sehr häufig nur noch auf Durchzug, und das wiederum heißt, dass alles Gesagte einfach in der Luft verpufft, und Du hättest auch gar nichts zu sagen brauchen. Aber überlegt etwas sagen, sachlich und respektvoll, und das in einem ruhigen (dadurch auch überzeugenderen) Ton – das nenne ich kultivierte Konversation, und das ist einfach erfolgversprechender! Auch Du wirst immer mal wieder schreien, aber je öfter Du es Dir als Fehlverhalten vor Augen hältst und daran arbeitest, den Ton flach zu halten, desto mehr kommst Du diesem Ziel auch näher. Etwas, was mir noch sehr am Herzen liegt: Schaue Deinen Partner an, schaue ihm in die Augen, wenn Du mit ihm sprichst. Das schafft Vertrauen und zeigt, dass Du mit allen Sinnen bei ihm bist und nicht während des Gesprächs in Gedanken bei tausend anderen Dingen hängst. Ich empfinde es als sehr unhöflich und als eine Missachtung meiner Person, wenn mein Gegenüber beim Gespräch ständig seine Augen woanders hat, denn ich fühle mich dann weder ernst- noch wahrgenommen. Des Weiteren sei immer darauf bedacht, Deinen Partner ausreden zu lassen; falle ihm nicht ständig ins Wort – auch dann nicht, wenn Du vor lauter Ungeduld schon rot anläufst. Ausreden lassen ist eine wichtige Form der Höflichkeit.

Noch ein ganz banales Beispiel einer Nichtkommunikation. Zur Hochzeit hatte ich meinem Mann einen goldenen Siegelring geschenkt mit seinen Initialen. Er hatte sich sehr darüber gefreut und trug ihn auch sofort. Nach einigen Wochen bemerkte ich, dass der Ring nicht mehr an seinem Finger war. Als ich nachfragte, murmelte er etwas von „vergessen" und „liegen gelassen" und schwuppdiwupp hatte er den Ring wieder am Finger. Nach einigen Tagen wieder das gleiche Spiel. Und das wiederholte sich über viele Wochen, bis mir eines Tages der Kragen platzte und ich von ihm forderte: „Wenn Du den Ring nicht magst, dann sag es doch, verdammt noch mal!" Daraufhin kam kleinlaut: „Ich kann ihn doch nicht vertragen, die Haut unter dem Ring entzündet sich immer so sehr! Ich wollte aber nicht, dass Du es merkst." Ich weiß, diese Geschichte klingt etwas lächerlich und so blöd simpel. Aber es hat sich so abgespielt, und hätte er mir gleich zu Beginn den Grund des Nichttragens mitgeteilt, wäre uns Stress erspart geblieben.

Vor längerer Zeit habe ich mit dem Computer einmal ein Schild für

Bill gemacht und habe es bei ihm an seine Bettseite gestellt: „Sage lieber mal ein Wort zu viel als eines zu wenig!" Ich war es so leid, ständig zu hören „Ich habe gedacht, Du wüsstest" oder „Das weißt Du doch eigentlich selbst". Gedanken werden nur gehört, wenn sie ausgesprochen werden, und bleiben verborgen, solange sie nur in Deinem Hirn herumspazieren!

Sage „Guten Morgen", frage nach dem Wohlbefinden und immer und immer wieder frage auch mal, ob und was Du für ihn tun kannst. Oder bitte ihn, einen Liebesdienst für Dich zu erledigen. „Du musst noch staubsaugen!" klingt mit Sicherheit nicht so prickelnd wie „Du, Schatz (oder wie auch immer Du Deinen Partner nennst), könntest Du heute oder morgen bitte staubsaugen? Es fällt mir im Moment etwas schwer. Das wäre ganz toll!" Achte auf Deine Wortwahl, vergiss die Zauberworte nicht – und vor allem tue alles mit einem Lächeln. Lasse ihm ein wenig die Wahl, wann er was tun soll, erzeuge keinen Druck und setze ihm möglichst kein Zeitlimit. Lasse ihn spüren, dass er sozusagen eine Wahl hat und er entscheiden kann und Du es ihm nicht aufzwingst. Zeig ihm, dass Du ihn magst, und zeige auch neben Deiner Liebe Deine Dankbarkeit für das, was er für Dich tut.

Wenn Du eine bessere Kommunikation übst zu Hause, so tue es auch auf Deiner Arbeit. Ich bin sicher, auch dort gibt es etwas zu verbessern. Bist Du Chef, so nimm Deine Angestellten noch wahr und behandle sie nicht wie Nummern, die jederzeit auswechselbar sind. Habe ein freundliches Wort für sie bereit und vor allem ein offenes Ohr für ihre Sorgen. Bist Du Angestellter, so respektiere all Deine Kollegen und Kolleginnen. Sei immer klar in Deinen Ansagen und halte auch dort die Lautstärke Deiner Stimme im Zaum. Immer und immer wieder wirst Du einmal Menschen begegnen, die Du nicht magst, die Dir nicht liegen und bei denen Du Schwierigkeiten bekommst. Aber vieles kannst Du auch glätten. Wären alle ein wenig toleranter und einfühlsamer, würde das heute so häufig angetroffene Mobbing wieder verschwinden. Nachdem mich ein Kollege einmal fürchterlich angeschrien und ich nicht minder heftig darauf reagiert hatte, bin ich einige Stunden später zu ihm hingegangen und habe versucht, ihm ganz klar meinen Standpunkt zu vermitteln. Ich sagte zu ihm: „Wenn wir uns schon nicht besonders mögen, so würde ich mir wünschen, dass wir uns in Zukunft mit dem nötigen Respekt begegneten und alles daransetzten, in einem normalen Ton miteinander zu reden." Es war ein ziemlich kurzes, aber klares Gespräch. Du wirst es nicht glauben, aber wir haben uns danach nie wieder angeschrien und sind zum Schluss fast so etwas wie Freunde geworden.

Wie sieht es bei Dir beim Einkaufen aus? Oder im Restaurant? Bist Du eher der Motztyp und Nörgler, immer in Eile und somit ungeduldig? Wenn ja, dann überdenke Dein Verhalten. Lächle die Person an der Kasse an, sag ihr etwas Nettes. Bedanke Dich für eine gute Bedienung. Probiere es einfach mal aus; bemühe Dich einmal, vierzehn Tage lang besonders freundlich zu Deiner Umwelt im Alltag zu sein. Es würde mich sehr wundern, wenn Du nicht ganz schnell merktest, dass es Dir besser dabei geht. Es ist einfach so: Die Freundlichkeit, die Du aussendest, kommt zu Dir zurück!

Dazu noch einmal zwei Beispiele von mir. Wenn ich früher in einem Supermarkt war und ich begegnete einer Frau/Familie mit einem Kleinkind im Einkaufswagen, konnte ich sicher sein, dass bei meinem Anblick dieses Kind mit großer Wahrscheinlichkeit anfing zu weinen oder zu zicken. Heute lächeln mich diese Kinder an bei einer Begegnung. Die andere Geschichte spielte sich in Sri Lanka ab, wo wir eine Ayurveda-Kur gemacht haben. Eines Tages kam eine Frau zu mir an den Tisch (die ich schon mehrmals gesehen, aber noch nicht einmal gesprochen hatte) und meinte: „Entschuldigen Sie, dass ich Sie so einfach anspreche, aber ich muss es Ihnen einfach mal sagen: Sie und Ihr Mann sind das ‚schönste' Paar hier weit und breit. ‚Schön' im Sinne, dass Sie eine tolle Ausstrahlung haben und es so wohltuend ist zuzuschauen, wie Sie beide miteinander umgehen. Ich freue mich einfach immer, wenn ich Sie sehe." Ich empfand dies als ein unglaublich schönes Kompliment, es hat Bill und mich sehr berührt. Des Weiteren war es eine Bestätigung dafür, dass unser authentisches Verhalten bei anderen auch als solches ankommt.

Es gibt sicherlich Ausnahmen, aber in den allermeisten Fällen ist es so: Gehst Du höflich mit Leuten um, werden sie auch Dir mit Höflichkeit begegnen. Bist Du freundlich, erntest auch Du Freundlichkeit.

Signalisierst Du Hilfsbereitschaft, so steht auch Dir plötzlich so manche helfende Hand zur Verfügung. Denke einfach daran und probiere es aus.

Als es bei uns begann, sich alles zum Positiven zu verändern, sind wir oft in eine Art Wettstreit geraten, in dem immer jeder von dem anderen behauptete: „*Ich* bin nur anders geworden, weil *Du* Dich verändert hast!" Besonders ich wollte lange Zeit immer dieser Sache auf den Grund gehen, weil ich wirklich der Meinung war, ich konnte mich nur ändern, weil neben den anderen Dingen (Therapie usw.) Bills anderes Verhalten es erst wirklich ermöglicht hatte. Aber wir diskutieren das überhaupt nicht mehr, es ist kein Thema mehr. Irgendwann haben wir uns geeinigt, dass die Wichtigkeit und Bedeutung darin liegt, *dass* wir uns zum Positiven geändert haben. Wir legen unsere Energie dort an, diese verbesserte Situation zu genießen und nicht mehr, um danach zu forschen, *warum* sie sich geändert hat.

Es ist so, dass das „Warum" dann seine Bedeutung verliert, wenn die verbesserte Situation sich gefestigt hat. Bei Themen, an denen es noch zu arbeiten gilt, ist es wichtig, sich am „Warum" zu orientieren, da Du nur Dinge verändern kannst, wenn Du den Grund dafür kennst.

Vertrauen

Bill war zwar früher sehr eifersüchtig, hat es aber nie gezeigt. Viele zeigen es zu viel, er eher zu wenig. Da habe ich ihn das eine oder andere Mal durch einen Flirt mit anderen Männern provoziert. Er hat mir immer voll und ganz vertraut und mir dies auch wahrlich gezeigt. Seine Meinung dazu war stets: „Ich lasse meine Frau an der langen Leine, denn wenn sie mich wirklich verlassen will, dann kann ich sie eh nicht halten!" Ich selbst konnte zunächst nicht immer so „großzügig" denken, habe es aber gelernt. Ich habe immer von seinem Verhalten profitiert und begriffen, dass Vertrauen auch wieder Vertrauen schafft.

Bei der Eifersucht unterscheide ich zwei Arten. Einmal die extreme, grundlose Eifersucht, und ich rate jedem, der davon betroffen ist, sie mit aller Macht zu bewältigen. Für denjenigen, der permanent mit dieser (grundlosen) Eifersucht konfrontiert wird, ist es sehr schmerzlich und frustrierend, denn es signalisiert mangelndes Vertrauen. Schlussendlich treibst Du den Partner damit von Dir weg oder riskierst, dass dieser wirklich einmal fremdgeht – so nach dem Motto: „Wenn Du mich schon ständig verdächtigst, dann tue ich es jetzt auch." Eine richtige Kommunikation kann helfen: Sprich mit dem Partner und vor allem gehe der Frage nach, wodurch diese Verlustangst (denn nichts anderes ist in dem Fall die Eifersucht) entstanden ist. Die zweite Variante ist die, dass ein Mensch überhaupt nicht eifersüchtig ist und/oder wie Bill sie überhaupt nicht zeigt. Auch das kann schmerzen, denn dadurch kann der Eindruck von mangelndem Interesse und Gleichgültigkeit von Seiten des Partners entstehen. Den nicht eifersüchtigen Partner dann durch Provokation aus der Reserve locken zu wollen (eifersüchtig zu machen), ist sicherlich die falsche Lösung, denn das erzeugt wiederum Verletzungen, Schmerz und Probleme. Auch hier gilt „reden", „verstehen", „vertrauen" und vor allem der Frage nachgehen, woher die Angst kommt, nicht ausreichend wertgeschätzt und geliebt zu werden. Merke: „Eifersucht ist eine Leidenschaft, die mit Eifer sucht, was Leiden schafft."

Ich habe schon immer Tagebuch geschrieben, aber ich weiß, dass Bill nie und nimmer darin jemals lesen würde. Eine von unseren Töchtern hat auch sehr fleißig Tagebuch geschrieben. Wie gern hätte ich darin gelesen und erfahren, wie es ihr wirklich geht und was sie wirklich denkt. Wie oft habe ich das Tagebuch beim Saubermachen in der Hand gehabt. Die Versuchung war groß, aber ich habe es und hätte es niemals getan. Ich glaube, dass das Kinder auch bemerken und es eine ungeheure Wichtigkeit ist, dass sie dieses Vertrauen durch und durch spüren können. Bei einer Freundin unserer Töchter hat die Mutter das Tagebuch gelesen und hat auch in ihrem Zimmer geschnüffelt – dieses Mädchen hatte schwer damit zu kämpfen, Vertrauen als etwas Selbstverständliches und Normales zu akzeptieren. Dabei ist gerade dieses Urvertrauen für Kinder so wichtig, damit sie zu verantwortungsvollen und selbstbewussten Persönlichkeiten heranwachsen. Dieses Mädchen hat es bis heute nicht geschafft, eine gute Partnerschaft zu finden. Vielleicht ist das Zufall, aber vielleicht hat es auch damit etwas zu tun, dass sie bis heute kein wirkliches Vertrauen entwickeln und keine Nähe zulassen kann aus Angst, doch wieder enttäuscht zu werden. Vertrauen ist aber einer der wichtigsten Bausteine in einer gut funktionierenden Partnerschaft.

Du solltest nie in das Handy Deines Partners gucken und nach geschriebenen oder empfangenen SMS schauen, ebenso nicht in den Manteltaschen forschen oder die Brieftasche auseinandernehmen. Wenn Du es tust, weil Du diesen Kontrollzwang in Dir spürst, wirst Du unheimlich viel kaputt machen dadurch. Indem Du Deinem Partner damit das Vertrauen entziehst, wird sein Verhalten Dir gegenüber auch nicht mehr so „vertrauensvoll" sein. Schon sind wir wieder in einem Teufelskreis. Wenn Grund dazu besteht, wenn ein tatsächlicher Verdacht naheliegt, dass zum Beispiel Dein Partner fremdgeht, und Du eine letzte Bestätigung durch die Kontrolle suchst – ja, dann kannst Du auch ruhig noch diesen Schritt gehen. In dem Fall ist ohnehin ein ganz großer Teil Deiner Partnerschaft nicht mehr in Ordnung und das Vertrauen schon sehr angeknackst. In den Anfängen aber, wenn Du Kontrollzwang spürst oder das Misstrauen in Dir zu stark wird – bevor Du diesem nachgibst, sprich lieber mit Deinem Partner über Deine

Gefühle. Durch die Darlegung Deiner Empfindungen und die Antworten Deines Partners kann vielleicht schon vieles geklärt werden. Vertrauen schafft Vertrauen und Misstrauen weckt Misstrauen – das ist eine Tatsache. Kontrolle ist ein furchtbares Gefühl – egal, ob Du sie ausübst oder „empfängst". Du solltest nie kontrollieren, sondern lieber vertrauen und um Ehrlichkeit bitten.

Wir haben auch unseren Kindern immer vertraut und sind nie enttäuscht worden. Später sind zwar die einen oder anderen „Lügen" herausgekommen, über die wir alle dann herzlich gelacht haben, denn es waren die „normalen kleinen" Lügen, die halt passieren mit heranwachsenden Kindern, die gegen die Eltern rebellieren und ihren eigenen Weg gegen sie gehen wollen und müssen. Diese Lügen meine ich auch nicht.

Wenn Weihnachten oder Geburtstage vor der Tür standen, haben wir schon sehr früh die Geschenke gekauft. Wir haben sie nie wirklich versteckt. Es gab oben im Haus einen Raum mit einem Regal, darauf lagerten wir alles und deckten es nur mit einer Decke ab. Wir erzählten den Kindern, dass unter dieser Decke ihre Geschenke lägen. Wir sagten auch, dass wir es ihnen nicht verbieten würden, dort hinzuschauen, machten ihnen aber gleichzeitig klar, dass sie damit ihre Überraschung selbst kaputt machen würden. Sie haben ihrer Neugier nicht ein einziges Mal nachgegeben. Genauso zwischen Bill und mir. Wenn einer sagt „Schau da nicht rein" – dann ist das selbstverständlich tabu. Wir versauen uns doch nicht unsere eigene Überraschung.

Die Post ist auch ein Thema. Briefe, Pakete, egal was kommt – wir würden nie auf die Idee kommen, diese zu öffnen, wenn sie nicht an uns persönlich gerichtet sind. Selbst heute, obwohl wir uns schon tausendmal gegenseitig versichert haben, dass wir es dem anderen erlauben, wird immer noch vorher gefragt. Das Postgeheimnis sollte gewahrt bleiben. Als die Kinder ausgezogen waren, kam noch ab und zu der eine oder andere Brief. Ich habe immer angerufen und von dem Brief berichtet; aufgemacht habe ich ihn nur, wenn sie am Telefon ausdrücklich darauf bestanden. Bei gemeinsamer Selbständigkeit oder Firmenpost entsteht ein anderer Sachverhalt. Dort ist es durchaus üblich und erwünscht, dass „fremde" Post geöffnet wird.

Sehr schwer zu ertragen sind Ungerechtigkeiten, sie können eine Partnerschaft stark belasten. Es geschehen Dinge, die ungerechtfertigt (ungerecht) „zur Last gelegt" werden und aus Fehlinterpretationen des Gegenübers entstehen. Hier liegt der Auslöser im Misstrauen. Es ist sehr schwer, mit Ungerechtheiten umzugehen. Ich selbst möchte immer in die Welt hineinschreien: „Wenn ich etwas verbrochen habe – dann übertragt mir die Verantwortung und ich stehe dafür gerade! Habe ich nichts verbrochen – dann klagt mich nicht an, sondern, verdammt noch mal, *FRAGT MICH* und vertraut mir erst einmal!"

Positives Denken

Positives Denken verändert Dein Leben. Es gibt so viele Bücher darüber. Lese sie; wenn Du offen dafür bist, werden sie Dir helfen.

Das folgende Beispiel ist ziemlich „ausgelutscht", aber für mich treffend und außerdem eines, das Du sehr gut „üben" kannst, falls Du diese Art noch nicht praktizierst und der folgenden Aussage skeptisch gegenüberstehst. Fährst Du heute irgendwo in eine Stadt, dann ist es oft unmöglich, einen Parkplatz zu finden. Wann immer wir losfahren, bitten wir darum und denken konzentriert, dass wir heute ganz sicher einen Parkplatz in der Nähe unseres Zielortes finden werden (wir bestellen uns sozusagen einen im Voraus). Ob Du es nun glaubst oder nicht, aber fast immer finden wir einen; auf jeden Fall bedeutend häufiger als bei unseren früheren negativen Gedanken, in denen wir sicher waren, wahrscheinlich „wieder mal" eher keinen Parkplatz zu finden.

Ich mochte immer schon Blumen und Pflanzen in unserem Zuhause, aber leider hatte ich früher immer das Pech, dass sie meist schon nach kurzer Zeit eingingen. Heute haben wir eine Reihe von Orchideen am Küchenfenster stehen, sie blühen monatelang und selbst, wenn sie einmal eine Pause einlegen, nach kurzer Zeit kommen wieder neue Triebe und neue Blüten. Ebenso geschieht es mit einem großen Topf voller Hibisken – mehrere Jahre fast ständige Blütenpracht. Warum gelingt es heute und früher nicht? Einmal sicherlich, weil keine „vergiftete" Atmosphäre mehr herrscht, sondern sie ausgeglichen und entspannt ist. Zweitens bin ich fest davon überzeugt, dass mein positives Denken diesbezüglich einen großen Einfluss hat. Lach bitte nicht – aber ich spreche auch mit meinen Pflanzen. Schon mehrmals war ich „sauer" und habe geschimpft und ihnen angedroht, sie zu entsorgen, wenn sie nicht endlich wieder anfangen würden zu wachsen/blühen – und siehe da: Es geschah!

Früher gingen ständig unsere elektrischen Geräte kaputt, selbst bei Neukäufen ergatterten wir „natürlich wieder einmal" ein defektes Gerät. Heute blicke ich beim Kauf voller Zuversicht darauf und bitte darum, dass die Geräte in Ordnung sind und lange halten: Ich versichere Dir, die so genannten Montagskäufe sind fast nie mehr ein Thema.

Aber auch bei ernsteren Themen ist das positive Denken überaus wichtig, bei Krankheiten zum Beispiel. Selbst bei Krebs ist erwiesen, dass positives Denken die Heilungschancen enorm erhöht. Statt aufzugeben, solltest Du kämpfen, statt zu resignieren, solltest Du hoffen. Unsere Älteste hat Leukämie. Es ist schlimm, und die Nachricht hat uns für den Moment den Boden unter den Füßen weggezogen. Aber sie wird behandelt, es geht ihr gut. Wir hoffen, dass es so bleibt. Könnte es helfen, würde ich monatelang heulen oder sonst etwas tun, aber wir sind machtlos dieser Krankheit gegenüber. Wir ignorieren sie nicht, aber wir reden nicht ständig darüber. Wenn wir uns sehen, sprechen wir über tausend schöne Dinge, aber nicht immer über ihre Krankheit. Es ist schlimm genug, dass sie existiert, aber es wird nicht besser, indem wir dauernd darüber sprechen oder in Selbstmitleid versinken. Alles wird gut!!! So denken und so fühlen wir. Sollte es sich jemals verschlechtern, werden wir uns neu orientieren müssen, aber bis dahin versuchen wir alle, einfach ganz „normal" miteinander umzugehen. Wir verdrängen die Tatsache dieser schrecklichen Krankheit nicht, aber wir halten sie einfach aus unserem normalen Alltag heraus und lassen es nicht zu, dass sie in unseren Gedanken herumgeistert. Wir sind voller Dankbarkeit für jeden Tag, den wir miteinander erleben dürfen.

Keine Partnerschaft schwebt vom Kennenlernen bis zum Ende ununterbrochen auf Wolke sieben. Immer wieder werden Probleme auftauchen, manchmal kleine, manchmal aber auch größere. Allerdings ist es unwahrscheinlich wichtig und notwendig, stets mit dem positiven Gefühl daranzugehen, diese Probleme aus der Welt zu schaffen. Verdränge die Äußerungen „Das schaffen wir ja sowieso nicht" oder „Das kann ich nicht" und ersetze sie durch „Ich habe großes Vertrauen, dass wir es schaffen werden!" und „Das kann ich *noch* nicht, aber ich arbeite daran!".

Positives Denken schafft positives Erleben!

Zufriedenheit

Eine ganz wichtige Voraussetzung zur Zufriedenheit sowie zur inneren und äußeren Gelassenheit ist, dass Du mit dem, was Du hast, zufrieden bist.

Jemand, der immer nur bedauernd dahin schaut, was er (noch) nicht hat, und immer neidisch auf das guckt, was andere (schon) haben – ich garantiere Dir, ein solcher Mensch wird nie wirklich glücklich sein, weil er vergisst, das Heute zufrieden zu leben.

Wenn Du gar kein Geld hast, ist es schon sehr schwierig, immer damit zufrieden zu sein, was Du hast. Es gibt vor lauter Sorgen so furchtbar wenig, an dem Du Dich festhalten kannst. Aber wenn Du Dein „normales" gutes Ein- bzw. Auskommen hast, dann ist Dankbarkeit angesagt.

Gewöhne Dir an zu sagen „Das Glas ist halb voll" statt „Das Glas ist halb leer". Jammere nicht so viel, wenn das Wetter wieder mal schlecht ist, aber freue Dich und sei dankbar, wenn die Sonne scheint. Zerfalle nicht in Selbstmitleid, wenn Du mal krank bist, aber führe gedanklich Freudentänze auf, wenn Du gesund bist. Ziehe nicht so ein griesgrämiges Gesicht, sondern lächle häufiger. Mein Mann und ich haben beide immer unsere Arbeit geliebt; es ist uns schwergefallen, sie zu beenden. Aber auch das Rentendasein hat Vorteile, Du musst diese nur sehen, suchen und genießen – und das tun wir jeden Tag aufs Neue, meistens mit Erfolg.

Als wir ins Rentenalter kamen, erhielt Bill die Gelegenheit, einige Jahre lang drei Tage in der Woche neben der Rente in einer Firma tätig zu sein. Durch die beiden Renten und das zusätzliche Geld dieses 3-Tage-Jobs hatten wir mehr Geld zur Verfügung, als jemals zuvor in unserem Leben. Das ging ca. fünf Jahre so, und wir hatten eine wunderbare sorglose Zeit. Wir waren keine Millionäre, bei weitem nicht – aber bei unseren Ansprüchen konnten wir uns vieles einfach so leisten, ohne uns Gedanken darüber zu machen. Wir gingen meistens einmal die Woche auswärts essen, hatten zweimal im Jahr einen Superurlaub und wenn ich neue Klamotten oder sonst etwas haben wollte, konnte ich es mir kaufen.

Als Bill dann leider aufhören musste (ich sage „leider", weil ihm die Arbeit so viel Spaß gemacht hat und es ihm so irrsinnig viel bedeutet hat, noch gebraucht zu werden), mussten wir finanziell wieder zurückdrehen. Plötzlich „mehr" zu haben, ist sehr toll und einfach; zurückzudrehen ist bedeutend schwieriger. Aber wir wussten beide, dass dieser Zeitpunkt irgendwann wieder kommen würde, wir haben uns darauf eingestellt und waren darauf vorbereitet. Natürlich sagen wir jetzt auch manchmal, wie schön es wäre, wenn wir noch immer dieses Extra-Einkommen hätten; aber viel öfter reden wir davon, wie schön es war, dass wir diese Zeit überhaupt erleben durften – und noch viel häufiger freuen wir uns darüber, wie schön wir es uns auch jetzt noch machen können. Wir schauen auf die positiven Dinge, die wir haben und die wir machen können und nicht auf die negativen Dinge und auf das, was wir nun nicht mehr oder sogar nie erreichen können.

Zum Thema Arbeit und Zufriedenheit möchte ich noch etwas anmerken: Leider kannst Du heute nicht mehr so sehr Deinen Lieblingsberuf wählen wie das früher der Fall war. Aber wenn Du einen Job hast, der Dir absolut gar keinen Spaß macht, der Dich nervt, stresst und letztendlich krank macht – dann setze alles daran, dass Du das änderst. Du musst viele Jahre mit Deiner Arbeit verbringen und ganz besonders Deine „besten" Jahre. Wenn Du Dich dabei morgens schon beim Aufstehen auf Deine Arbeit freust (die ja nun mal notwendig ist, weil Du Geld verdienen musst), dann ist das ein großer Prozentsatz Deiner Wohlfühlskala. Kommst Du zufrieden nach Hause, so wird sich auch die Freizeit glücklicher gestalten, als wenn Du unzufrieden und griesgrämig bist.

Wenn mehr Geld da ist als unbedingt nötig und Du Dir viele Extras leisten kannst, bleiben Dir gewisse Sorgen erspart. Aber auch dann wirst Du nur „zufrieden" zu sein, wenn Du bereits eine intakte Grundzufriedenheit in Dir trägst. Ansonsten reicht nämlich nie aus, was Du gerade hast, sondern Du trachtest immer nach etwas Neuem, immer wieder nach Veränderungen und rennst Deiner „wirklichen" Zufriedenheit immer hinterher.

In unserem Freundeskreis kennen wir eine Familie, in der beide im Ruhestand sind. Sie haben eine ganz kleine Rente; wir können uns immer gar nicht vorstellen, wie sie damit zurechtkommen. Diese Familie bewundern und beneiden wir in einem Punkt ungeheuerlich. Wir kennen sie seit mehr als dreißig Jahren, und nicht ein einziges Mal haben wir sie jammern hören, nicht ein einziges Mal haben wir auch nur einen Hauch von Neid bei ihnen entdeckt, und immer konnten sie sich mit jedem aufrichtig freuen, der sich etwas Neues oder Schönes geleistet hatte. In anderen uns bekannten Familien bekommen beide eine ausgesprochen gute Rente und haben z. T. außerdem noch gute Lebensversicherungen abgeschlossen. Wie oft haben wir von denen schon gehört: „So viel Geld hätte ich auch gern wie die und die …" oder auch „Das können wir uns nicht leisten" – und immer mit diesem bedauernden Gesichtsausdruck. Sie haben wunderschöne Häuser, sie haben häufig neue Sachen, renovieren immer wieder neu, haben jedes Jahr ein neues Auto und, und, und, aber – ganz ehrlich – diese Familien führen zwar ein gutes Leben, aber in deren Augen sehe ich nie diese Grundzufriedenheit wie bei den Erstgenannten. Die einen schauen nämlich dahin, was sie alles haben, und die anderen schauen viel zu oft dahin, was sie nicht haben.

Ähnlich verhält es sich mit Deinem Aussehen: Kaum einer ist zufrieden. „Ich bin zu groß, ich bin zu klein, ich bin zu dick, ich bin zu dünn, ich möchte lockiges Haar, ich möchte glattes Haar usw., usw." Akzeptiere Dich so wie Du bist, dann wirst Du diese Zufriedenheit auch mit Deinem Aussehen ausstrahlen. Wenn ich sehe, dass junge Frauen sich bereits mit vierzig Botox spritzen, fehlt mir jegliches Verständnis. Ich mit meinen sechsundsechzig Jahren habe Falten – na und? Es sind meine und die habe ich mir hart erarbeitet. Ich gebe zu, es ist nicht immer leicht, das Älterwerden zu akzeptieren – aber ich habe nun einmal nur die Wahl zwischen „jung sterben" oder „alt werden". Seitdem ich das verinnerlicht und beschlossen habe, möglichst alt zu werden, begegne ich meinen Falten im Spiegel bedeutend freundlicher!

Das Bestreben von Bill und mir ist es, so weit wie möglich dem folgenden Motto zu genügen: „Gott gebe mir die Gelassenheit, Dinge hinzunehmen, die ich nicht ändern kann, den Mut, Dinge zu ändern, die ich ändern kann, und die Weisheit, das eine vom anderen zu unterscheiden."

Es ist ein weiter Weg, und niemandem wird es zu hundert Prozent gelingen. Ich bin davon überzeugt: Je intensiver ich diesen Spruch leben kann, desto besser geht es mir.

Vielleicht habe ich die Definition „Zufriedenheit" zu stark an Äußerlichkeiten festgemacht, sprich an materiellen Voraussetzungen und dem Erscheinungsbild, aber ich glaube, dass das Gros der Menschheit es zunächst einmal daran festmacht. Die „wirkliche" und „einzige" Zufriedenheit ist schwer zu definieren, die meisten von uns sind nicht wirklich frei von jeglichen Ansprüchen und Wünschen. Ich teile absolut die Ansicht, dass Geld nicht glücklich macht, und bin auch der Meinung, dass Geld und Reichtum nicht der Schlüssel zur Zufriedenheit und zum Glück sind. Allerdings ist es sehr leicht, dieses zu „verkünden", wenn Du selbst ein Dach über dem Kopf, genügend zu essen und Dich liebende Menschen um Dich hast.

Es ist einfach so, dass jeder Mensch eine andere Definition von Zufriedenheit in sich trägt. Wichtig ist mir nur, dass Du es schaffst, eine Dir genügende Grundzufriedenheit in Dir zu spüren, die Dir die Kraft gibt, glücklich im Heute zu leben, die Probleme anzugehen und mit Zuversicht in die Zukunft zu blicken. Unzufriedenheit hemmt diese Entwicklung. Ganz wichtig bei der Zufriedenheit ist noch, dass Du Dich vom Thema „Neid" und all denen, die Neid in sich tragen, distanzierst und versuchst, Dir eine Lebensphilosophie anzueignen, sich mit den Menschen über all das zu freuen, was sie haben, und ihnen eine helfende Hand zu reichen, wenn sie eine solche brauchen. Das hilft auf jeden Fall, egal wie Du Deine eigene Zufriedenheit im Einzelnen für Dich selbst definierst.

Hier noch ein Tipp: Wenn Du wieder einmal total unzufrieden bist mit Dir selbst, Deinem Partner oder jemand anderem und Du stehst in dem Moment ganz allein damit und weißt nicht weiter, dann suche Dir einen Freund, dem Du es mitteilen kannst. An dem Sprichwort „Geteiltes Leid ist halbes Leid" ist viel Wahres dran. Wenn im Moment kein passender Freund in der Nähe ist, dem Du Dich anvertrauen kannst oder willst, dann schreibe Dir Deinen Kummer von der Seele. Es muss kein Tagebuch sein – ein einfacher Zettel genügt. Danach kannst Du diesen Zettel (und damit einen Teil Deiner Sorgen) wieder wegwerfen!

Etwas Ausgesprochenes bzw. in diesem Fall Niedergeschriebenes gibt Dir oft mehr Klarheit über das Problem. Außerdem ist es wirklich so, dass Du viel von dem empfundenen Problem im wahrsten Sinne des Wortes von Dir *weg*schreibst. Versuche es einfach mal – mir hat es oft geholfen.

Romantik

Ich finde Romantik in einer Partnerschaft sehr, sehr wichtig. Aber leider ist es nicht jedem gegeben, diese Romantik auch zu fühlen, zu leben und zu geben. Frauen fällt es meist bedeutend leichter, während Männer sich schon eine Ecke schwerer damit tun. Wenn Du liebst und wenn Du etwas für Deine Partnerschaft tun willst, kannst Du ein gewisses Maß an Romantik erlernen. Voraussetzung ist, dass es Dir auch ein innerstes Bedürfnis ist.

Ich habe einen wunderbaren Mann, er trägt mich auf Händen, ich komme an erster Stelle, und er würde alles, was in seiner Macht steht, für mich tun. Romantisch allerdings war er wirklich nicht zu Beginn unserer Begegnung. Eines unserer ersten Rendezvous ist mir bis heute unvergessen geblieben. Wir gingen abends im Dunkeln durch einen Park, Hand in Hand, zärtlich aneinandergeschmiegt … Wir blieben stehen, küssten uns – und ich meinte: „Schau, da oben, der Mond – ist das nicht toll?" Er folgte meinem Blick und meinte achselzuckend: „Ja, der Mond, und, was ist damit?" In einer solchen Situation ist ein solcher Satz wie eine Nadel, die in einen Luftballon sticht – für mich war dieses tolle Gefühl des Miteinanders, dieses kuschelige Romantische im wahrsten Sinne des Wortes „geplatzt". Viel später habe ich natürlich begriffen, dass es auch viel mit Ängsten vor Nähe zu tun hat und ganz besonders viel damit, wenn es einem zu Hause in keinster Weise vorgelebt wurde. Aber Du kannst eine Menge lernen, und das durfte ich in der jahrelangen positiven Entwicklung bei meinem Mann und mir miterleben. Natürlich wirst Du immer merken können, dass Bill ein „gelernter" Romantiker ist, aber für mich hat das inzwischen fast mehr Wert, als wäre es ihm angeboren. Denn ich weiß und schätze, wie viel Mühe dahintersteckt und wie viel Arbeit und Nachdenken er investiert hat. Wenn wir im Fernsehen einen romantischen Film schauen, macht er sich immer mal wieder etwas lustig über schmalzige Szenen und stöhnt. Ich nehme ihn dann meist etwas schmunzelnd in den Arm und sage: „Na, mein kleiner Romantiker, ist das zu viel für Dich?"

In der Romantik kann nur jeder geben, was in ihm steckt. Wenn es mir zu wenig ist, was mein Gegenüber mir geben kann, dann muss ich es äußern. Natürlich willst Du gerade diese Dinge nicht einfordern, sie sollen „von selbst" kommen. Wenn es aber nicht von selbst kommt, musst Du nachhelfen, und mit ein wenig Glück wird dieses Nachhelfen Früchte tragen. Auch hier schraube Deine Erwartungen nicht zu hoch. Wenn die mühsam erarbeiteten Ergebnisse Dir nie genügen und Du dies immer wieder äußerst, dann werden sie bald wieder ganz verschwinden. Wenn Du Deine Freude über die kleinen Versuche schätzt, wird das Appetit auf mehr machen und die Versuche Deines Partners anheizen.

Romantik ist ein so weites Feld. Was ist Romantik? Sicher ist es für jeden etwas anderes. Eben weil jeder eine andere Vorstellung davon hat, ist es schwierig, irgendwelche Tipps oder Anleitungen zu geben. Raten kann ich Dir nur, es herauszufinden. Du weißt genau, was Du gern möchtest, was Deine Wünsche und Träume diesbezüglich sind. Versuche, sie zu formulieren und Deinem Partner mitzuteilen. Lasse durchblicken, was Du vermisst und was Du erwartest. Anders herum: Frage Deinen Partner, ob ihm etwas fehlt in Eurer Partnerschaft, und forsche nach, womit Du ihm ein Mehr-Gefühl an Romantik geben kannst.

Auch hier gilt wieder: Wer gibt, der wird bekommen!

Sex und Rituale

Sex ist eine wunderschöne und auch eine sehr wichtige Sache in der Partnerschaft, ABER sie ist nicht alles! Nur auf Sex kannst Du eine Beziehung nicht aufbauen. Für ein dauerhaftes gutes und echtes Miteinander brauchst Du daneben vor allem Liebe und Respekt.

Sex, Zärtlichkeit, Nähe – all diese Dinge wollen gepflegt werden. Werden sie vernachlässigt, dann schlafen sie ein und verkümmern.

Bill und ich hatten relativ früh schon Schlafprobleme, denn Bill schnarchte wie ein Weltmeister. Jahrelang haben wir es praktiziert, dass entweder er oder ich irgendwann in fast jeder Nacht das Weite suchten, um irgendwo im Haus ein Plätzchen zu finden, wo wir in Ruhe weiterschlafen konnten. Als die Kinder auszogen, haben wir uns endgültig getrennte Schlafzimmer gegönnt. Am Anfang, besonders für mich, war es ein Horror. Ich hatte Angst, der Sex würde einschlafen. Mir fehlte dieses Arm-in-Arm-Einschlafen und das wunderbare Finden des Partners des Nachts und/oder am Morgen. Bei uns war es einfach nicht anders zu lösen. Sein Schnarchen löste bei mir regelrechte Mordgelüste aus. Es war zum Schluss so schlimm, dass ich Bill schon angeschubst habe, wenn ein Mofa lautstark an unserem Haus vorbeifuhr! Hätte mir, als wir geheiratet haben, jemand gesagt, ich würde einmal getrennten Schlafzimmern zustimmen, hätte ich mit Sicherheit geantwortet, dass das für mich nie und nimmer in Frage käme, eher würde ich mich scheiden lassen. Manche Situationen erfordern aber irgendwann gewisse Maßnahmen, wenn Du „überleben" willst. Letztendlich geht es nur darum, wie Du diese Maßnahmen lebst. Nur die Tatsache, dass Du Dich für getrennte Schlafzimmer entschieden hast, muss und darf niemals heißen, dass Du weniger oder weniger schönen Sex hast.

Wir haben von Anfang an gewisse Rituale eingeführt, damit dieses Nachts-getrennt-Sein unsere Zweisamkeit möglichst wenig behindert. Abends bringt mich Bill ins Bett, liebevoll mit Gute-Nacht-Kuss usw. Morgens gehe ich zu ihm und wecke ihn auf. Es müssen schon außergewöhnliche Umstände bzw. Zeitdruck herrschen, wenn wir ein zärtliches Kuscheln auslassen.

Sex ist wie gesagt wichtig. Sicher lässt er häufiger im Alter nach, aber es muss wahrlich nicht aufhören. Zärtlichkeiten beizubehalten ist besonders notwendig. Wie viele Leute kenne ich, die so viel jünger sind als wir – und sie haben weniger Sex als wir oder sogar so gut wie gar keinen mehr miteinander. „Es ist halt mit der Zeit eingeschlafen" bekomme ich als Begründung zu hören. Und da ist es wieder: Du musst Partnerschaft pflegen. Ihr müsst Eure Liebe leben und fördern. Wenn Bill und ich uns im Haus begegnen, wie oft streichen wir uns dabei über das Haar, über den Po oder wo und wie auch immer. Aber wir suchen die Berührung und halten auch oft mal inne, um uns kurz oder auch länger zu küssen.

Mir haben sogar junge Menschen erzählt, dass sie sich überhaupt nicht mehr küssen – auch beim Sex nicht mehr. Was ist da nur los? Es macht mich so traurig, solche Geschichten zu hören. Es war doch Liebe und Zärtlichkeit da am Anfang. Wie kann so eine Kostbarkeit verloren gehen? Liebe und Zärtlichkeit funktionieren nicht, wenn Du sie nicht pflegst, sie funktionieren auch nicht, wenn Du sie einforderst. Lebe es vor, und ich bin sicher, Du bekommst es zurück.

Wenn die Zärtlichkeit in Deiner Partnerschaft eingeschlafen ist, dann versuche, sie wieder zu beleben. Es lohnt sich. Oftmals sind die Gefühle nur verschüttet und bedürfen der Wiedererweckung.

Natürlich ist das ursprüngliche Verliebtsein mit Schmetterlingen im Bauch nicht immer da und auch bei uns heute in einer anderen Intensität – aber ich sage Dir, dass ich oft noch ein wohliges, aufregendes und tolles Kribbeln im Bauch verspüre, wenn ich Bill sehe. Es tut mir gut, ihn zu berühren, und es ist ein Geschenk für mich, von ihm berührt zu werden. Wir haben dieser Nähe immer sehr viel Beachtung geschenkt, und besonders ich habe es immer wieder angesprochen, wenn ich spürte, dass uns da etwas verloren ging. Du musst ganz klar erkennen, dass dieses innige Gefühl nicht in seiner anfänglichen Stärke erhalten bleibt, wenn Du es nicht ständig förderst und pflegst!

Frauen sagen öfter „Ich liebe Dich" als Männer, und Frauen wollen es auch öfter hören. Auch ich habe diese Frage oft gestellt, allerdings eher vorwurfsvoll und fordernd: „Liebst Du mich eigentlich noch?" Und es kam ein „Klar!". Heute frage ich auch manchmal, aber eher lächelnd und scherzend: „Liebst Du mich eigentlich noch, mein Schatz? – Ich liebe Dich mehr als am ersten Tag!" Und er antwortet: „Und ich liebe Dich genauso!" Es sind dann keine Phrasen mehr, die man einfach mal so austauscht, sondern es steckt so viel mehr Wärme und Echtheit darin.

Frage Deinen Partner, wie seine Nacht war, wie er geschlafen hat. Erzähle ihm von Deinen Träumen und lasse Dir seine erzählen.

Teile Deine Wünsche mit. Sage, wie Du es magst, berührt zu werden. Wie viele Menschen bleiben unbefriedigt, weil sie es nicht gelernt haben und sich nicht trauen, mitzuteilen, was sie mögen. Tauscht Eure Phantasien aus und wenn Ihr könnt, dann lebt sie. Aber immer alles in dem Rahmen, was beide aushalten können und mögen. Zwinge nie Deinen Partner zu irgendetwas, was er nicht mag – denn dann stirbt die Liebe und Zuneigung. Gehst Du aber auf die Wünsche ein und teilst Du Dich mit, erlebt Deine Liebe einen neuen Höhenflug. Nimm Dir die Zeit der Zärtlichkeit: Berühre, ertaste, ergründe, fühle und finde mit Deinem Partner heraus, was Euch *zusammen* gefällt.

Genießt einmal ein schönes Abendessen bei Kerzenschein und lasst den verdammten Fernseher dabei aus. Viele Männer bekommen bei „Kerzenschein" so einen komischen Ausdruck im Gesicht, sie wollen nicht zu „Weicheiern" werden, denn sie sind „cool" und haben für so einen „Firlefanz" nichts übrig. Aber versuche es einfach mal. Es müssen ja nicht gleich fünfzig Teelichter und zwanzig große Kerzen sein. Es reicht ja auch eine, um einfach mal eine andere Atmosphäre zu schaffen als die sonst alltägliche. Oft reicht es schon aus, den Tisch einfach mal woanders zu decken, in einem anderen Raum zu essen. Wer es mag, könnte auch im Schlafzimmer ein tolles „Essen im Bett" zaubern. Du musst nur einmal die Phantasie spielen lassen. Es ist gut, wenn Du dieser Eintönigkeit tagein, tagaus so ab und zu mal entfliehst und es einfach mal „anders" machst.

Schaut Euch Fotos von Reisen an, sprecht dabei über die schönen Erlebnisse, die ihr während des Urlaubs hattet. Setzt Euch nebeneinander auf das Sofa statt gegenüber, kuschelt Euch an dabei. Das schafft Nähe und Vertrautheit – und hält die Liebe am Laufen.

Wie verhält es sich mit dem Flirten? Flirtest Du mit Deinem Partner immer noch ab und an? Gibt es zwischendurch noch die verstohlenen Augenblicke der ersten Begegnungen? Eine liebevolle Berührung der Hände? Kein Flirt ist schöner als der mit seinem langjährigen Partner. Er versetzt Dich für einen kurzen, wertvollen Augenblick zurück in die Zeit des ersten Verliebtseins.

Sollte Eure Liebe und Verliebtheit auch noch so groß gewesen sein zu Beginn Eurer Begegnung – sie wird nur dann Bestand haben und/oder sogar noch wachsen, wenn Ihr beide ständig diese Liebe pflegt. Ich bemühe wieder einmal den Vergleich mit einer Pflanze: Wird diese nicht regelmäßig gegossen, gedüngt und immer mal wieder umge-topft, wird sie verwelken, vertrocknen und zu guter Letzt eingehen! Macht Euch das bewusst und lebt und liebt entsprechend!

Die Treue

Wie wichtig ist Treue?

Für die einen ist es das absolute Muss in einer Partnerschaft, andere wiederum gehen sehr locker damit um. Jeder denkt anders darüber, es gibt unendlich viele Abstufungen in der Denkweise über dieses Thema; eine allgemein gültige Empfehlung diesbezüglich kann und will ich nicht geben. Einige Gedanken dazu möchte ich allerdings einbringen.

Wenn einer fremdgeht – egal ob „genehmigt" in einer offenen Partnerschaft oder aber „betrügerisch" in einer monogamen Beziehung –, die Benutzung eines Kondoms sollte eine absolute Notwendigkeit sein. So viel Anstand und Respekt muss eine Selbstverständlichkeit sein. Leider trifft das sehr häufig nicht zu.

Derjenige, der die Treue missachtet, denkt an sein eigenes Vergnügen, aber es ist so ungeheuerlich (ich finde es ist einfach nur unverschämt), dabei die Gesundheit des eigenen Partners so leichtfertig aufs Spiel zu setzen. Es gibt Aids, um das Schlimmste zu nennen – jeder weiß es, und dennoch ignoriert dies mindestens jeder Zweite beim sexuellen Vergnügen. Ich vergleiche dieses Benehmen immer mit jenen, die betrunken Auto fahren: Wenn sie sich nur selbst gefährden, nur ihr eigenes Leben riskieren, dann meinetwegen; jeder ist seines Glückes Schmied. Aber unschuldige Menschen in diese Gefahr zu bringen, ohne dass sie sich wehren können, das ist ein unverzeihliches Verhalten! Fragt Euch, ob Ihr mit einer solchen Schuld wirklich leben könntet.

Also, wenn fremdgegangen wird – die Moral lasse ich jetzt einmal beiseite –, dann bitte mit Kondom! Geht nicht das Risiko ein, Euch und/oder Euren Partner zu infizieren.

Wenn es eine offene Partnerschaft ist, muss sie auch echt offen sein. Damit meine ich, dass es keine *heimlichen* Nebenher-Beziehungen geben darf. Teilt es Euch mit! Zumindest ist es notwendig, sofort darüber zu sprechen, wenn es bei einer solchen Fremdbegegnung dazu kommt, dass Du Dich verliebst. Sex ist Sex – und das Gefühl dafür können manche Menschen trennen von dem Gefühl der Liebe. Aber jeden kann es treffen, dass er sich dabei verliebt. Wenn das passiert, muss offen darüber gesprochen werden, denn die Partnerschaft ist in Gefahr. Sprichst Du nicht über diese Gefühle, dann fängt auch eine offene Partnerschaft an, in Heimlichkeiten zu verfallen.

Wie auch immer Du es in Deiner Partnerschaft handhabst: Wichtigstes Gebot ist, dass Du nicht mit den Gefühlen Deines Partners spielst und ihn möglichst wenig verletzt und lange Heimlichkeiten und Lügen vermeidest. Ich habe in Gesprächen mit anderen oft gehört, dass die Lüge häufig schlimmer zu ertragen war als das Fremdgehen selbst.

Wenn Du vielleicht gerade in einer solchen Situation steckst, magst Du es vielleicht nicht so sehen – aber wenn der Partner fremdgeht, kann das auch eine Chance bedeuten. Eine Chance zum Überdenken der Partnerschaft und im günstigsten Fall auch ein guter Neubeginn. Ich kenne eine Frau, die durch Zufall dahinterkam, dass ihr Mann sie betrog. Sie gehört zu den Frauen, für die Treue absolut notwendig ist, und setzte ihren Mann vor die Tür. Dieser aber merkte plötzlich, wie wichtig ihm seine Frau und seine Familie waren, und fing an, um seine Frau zu kämpfen – letztendlich mit Erfolg. Diese beiden Menschen sind nicht nur wieder zusammen und leben ihre Partnerschaft weiter, sondern sie sind sogar daran gewachsen. Diese beiden Menschen haben ihre Probleme erkannt, sie haben beide gleichermaßen daran gearbeitet und sich beide gleichermaßen bemüht. Ich behaupte allen Ernstes, dass sie heute eine bessere Beziehung leben als je zuvor!

Entscheiden sich die Partner für eine monogame Beziehung und für Treue, dann sollte dieses Versprechen in vollem Bewusstsein und aus voller Überzeugung geschehen – mit dem Bestreben, diese Treue auch zu halten. Besonders in schwachen Momenten kannst Du Dir dieses Versprechen immer wieder vor Augen führen und Dich daran festhalten. Passiert es dennoch, dass einer der Partner diesen Treueschwur bricht und/oder sich verliebt, dann muss er auch, genau wie in einer offenen Beziehung, den Mut haben, mit seinem Partner ehrlich darüber zu sprechen.

Eine ganz persönliche Meinung von mir noch zur Treue. Ich finde, Du darfst flirten, Du darfst sozusagen Deinen „Marktwert" prüfen – es ist ein schönes Gefühl, wenn Du merkst, dass Du auch für andere noch „interessant" bist. Aber das muss sich alles mehr oder weniger theoretisch abspielen. Jeder sollte wissen, wohin er gehört – und vor allem solltest Du Dir immer im Klaren sein, was Du aufs Spiel setzt und unter Umständen unwiderruflich verlierst, wenn Du Dich dem Flirt zu ernsthaft hingibst. Es ist schon viel Wahres dran an dem Sprichwort: „Appetit kann ich mir holen, aber gegessen wird zu Hause!"

Ein für mich der Treue zugehöriges Thema ist die Loyalität. Wenn Du eine Partnerschaft eingegangen bist, solltest Du Dich Deinem Partner gegenüber stets loyal verhalten. Keine Mutter, Schwiegermutter, kein Nachbar oder sonst jemand sollte diese Haltung gefährden und ins Wanken bringen. Auch ich versuche immer, in *allen* Bereichen Harmonie zu schaffen, aber wenn es kritisch wird, hat für mich letztendlich die Beziehung Priorität.

Beruf, Karriere und Familie

Beruf und Karriere – das passt zusammen. Beruf, Karriere und Familie: Passt das auch? Natürlich geht es. Die Frage ist nur: Wie hoch ist der Preis?

Wir alle brauchen einen Beruf – möglichst einen guten und interessanten – und möglichst einen, bei dem wir gutes Geld verdienen können. Nun sind die finanzielle Spannweite sowie die Ansprüche des Einzelnen natürlich immens verschieden (ebenso wie der Unterschied zwischen einer faulen Socke und einem Workoholik).

Mein Bestreben in diesem Kapitel ist es, eine Situation aufzuzeigen, wie sie in vielen Familien zu finden ist: Mann (oder auch Frau) arbeitet den ganzen Tag und kommt oft abends erst nach Hause, wenn die Kinder schon im Bett sind. Er arbeitet sogar mehrfach sonnabends und ist oft viele Tage im Monat auf Geschäftsreise. Ich möchte dieses nicht beurteilen, und schon gar nicht möchte ich es *ver*urteilen; allerdings möchte ich ein paar Gedanken dazu an Dich loslassen. Ich glaube nämlich, dass es sich lohnt, sein Leben und sein Tun von Zeit zu Zeit zu überdenken, so nach dem Motto: „Investiere ich meine Energie wirklich in die richtige Sache und in die richtige Richtung?", „Setze ich meine Prioritäten richtig?" und „Nehme ich mich, meine Familie und meine Gesundheit noch genügend wahr?" Besonders wenn Du jung bist, vergisst Du, dass Du nur dieses eine Leben hast und es so intensiv wie möglich leben und Deine Gesundheit nie so ganz aus den Augen verlieren solltest. Im wirklichen Leben gibt es keinen Knopf „Wiederholen", auf den Du drücken kannst. Wenn etwas total schiefgegangen ist oder Du Dich zu sehr in die falsche Richtung verausgabt hast, besteht zwar manchmal die Chance zum Überdenken und für einen Neuanfang, aber nie eine Chance, einen bereits gelebten Lebensabschnitt noch einmal – sozusagen als „zweiten Versuch" – zu wiederholen.

Es ist ein ungeheurer Spagat notwendig, die richtige Mischung zwischen Beruf/Karriere und Familie zu erzielen. Lege ich das Hauptaugenmerk auf Beruf/Karriere und versuche dann, das Familienleben einigermaßen erträglich darin einzubauen – oder aber steht die Familie für mich im Vordergrund und versuche ich mein Möglichstes, dass der Beruf nicht zu kurz kommt? Klingt beides gleich, aber die Priorität in Deinem Kopf ist eine andere und damit sind es die Auswirkungen auch.

Neulich sah ich einen Politiker im Fernsehen. Er beklagte, dass er viel zu wenig Zeit für seine Familie hätte und sie oft tagelang nicht sähe. Allerdings, so fuhr er fort, setze er alles daran, an den Wochenenden und im Urlaub abseits von seinem Beruf ausschließlich für seine Familie da zu sein. Dort scheint es zu funktionieren, da auch die Frau ein sehr starkes Wirkungsfeld entwickelt hat und es beiden zu genügen scheint, die wenige Zeit des Miteinanders extrem intensiv zu leben und die restliche, voneinander getrennte Zeit davon zu zehren. Wohl dem, der sich so arrangieren kann.

Allerdings darf auch ein weiterer Aspekt nicht aus den Augen gelassen werden: Bei allem „Herumbasteln" an einem tollen WIR darf das jeweilige ICH nicht vergessen werden. Beide Partner brauchen die Möglichkeit, auch ihr ICH weiterzuentwickeln. Dies wiederum schafft eine Bereicherung für die Partnerschaft, eben weil jeder weiterhin seine Persönlichkeit entfalten und dadurch seinem Ich treu bleiben kann.

Es gibt Menschen, die brauchen mehr Freiraum als andere; es gibt Menschen, die brauchen es mehr als andere, unterwegs zu sein (z. B. in Form von Geschäftsreisen). Dies ist ein Teil ihres Wesens. Sie wären unglücklich, würdest Du sie an einem Ort komplett „festhalten". Bei solchen Menschen ist es falsch, sie „anbinden" zu wollen und ihnen (m)einen fremden Willen aufzudrücken. Wichtig für das WIR ist einfach, die individuellen Wünsche der beiden ICHs gemeinsam auf den Nenner zu bringen, mit dem beide gut leben können.

Ich möchte das „Rezept" dazu einmal so ausdrücken: „Ich kann nicht für meinen Partner entscheiden, sondern nur für mich selbst. Aber ich kann die Wünsche meines Partners annehmen, sie mit meinen in einen Topf werfen und die restlichen Zutaten dazugeben. Die Mischung garen wir gemeinsam – und dann kommt auf den Tisch eine wohlschmeckende Lösung!"

Neben den Wünschen, Zielen und Vorstellungen beider Partner müssen ebenfalls die finanziellen Gegebenheiten berücksichtigt werden.

Nicht zu vergessen ist, dass es durchaus Menschen gibt, die eine wunderbare Ehe führen, obwohl sie oft monatelang getrennt leben (beispielsweise bei Seeleuten oder diversen Außendiensttätigkeiten). Für mich wäre es undenkbar, aber ich kenne einige, die sagen, es sei eine Bereicherung der Partnerschaft. Indem sie sich häufiger notgedrungen „trennen", lernen sie sich auch immer wieder „neu" kennen – und somit bleibt und entsteht sehr viel mehr positive Spannung als in einer „normalen" Verbindung. Wenn Du eine solche Partnerschaft eingehen möchtest, musst Du Dir allerdings im Klaren sein über das ganze Ausmaß einer solchen, denn sonst kann es böse Überraschungen geben. Prüfe Dich sehr, ob Du wirklich ein solcher Partner sein kannst.

Noch einmal: Wenn eine Entscheidung für eine extreme berufliche Veränderung ansteht, so liegt es zwar in Deiner Verantwortung, aber treffe sie bitte nie allein, sondern beziehe Deinen Partner und/oder Deine ganze Familie mit ein. Bedenke, dass es nicht nur Dich selbst, sondern wirklich die ganze Familie betrifft. Anders herum: Wenn Du mitbestimmen und mit entscheiden kannst und darfst, wirst Du später mehr Verständnis haben und mehr Unterstützung geben können.

Wenn Dir ein solcher beruflicher Karrieresprung, der sich extrem auf das Familienleben auswirkt, als fertige Tatsache mitgeteilt wird, bist Du bedeutend weniger geneigt, die Entscheidung mitzutragen. Du fühlst Dich überhaupt nicht eingebunden und nur „überrumpelt".

Bei uns war es nach einigen Jahren in Deutschland so, dass Bill mir immer wieder von Kollegen erzählte (die z. T. viel später in der Firma angefangen hatten als er), die erst Gruppenleiter, dann Abteilungsleiter geworden waren. Er hingegen blieb immer Gruppenleiter. Ich war damals richtig sauer. Wieso immer die anderen, warum nicht er? Leider hat er es mir damals nicht ausreichend erklären, sondern mir erst später seine Gründe erläutern können. Schade, denn vielleicht hätte ich dann seine Entscheidung besser mittragen können. Für Bill steht die Familie an oberster Stelle. Er war zwar auch ab und zu auf Geschäftsreisen, aber er wollte unter keinen Umständen ständig unterwegs sein, ständig Überstunden machen, und ganz sicher wollte er die Wochenenden nicht im Büro verbringen. Außerdem wollte er sich einfach nicht dem zusätzlichen Stress aussetzen. Er war der Meinung, dass das Extrageld den Verlust des Familienlebens nicht aufwiegen könne. Im Nachhinein war diese Entscheidung, die er völlig aus dem Bauch heraus getroffen hatte, für ihn auch aus gesundheitlicher Sicht lebensrettend. Vor einigen Jahren stellte man eine Erkrankung am Herzen fest. Der Arzt sagte, wäre er nicht so ruhig und besonnen, sondern ein Hektiker gewesen, wäre er mit ziemlicher Sicherheit bereits unter der Erde. Natürlich weiß keiner, was gewesen wäre, wenn …

Glaube bitte jetzt nicht, dass ich mich gegen Karriere stelle oder behaupten will, jeder in verantwortungsvoller Position gefährde sich und würde krank. Bedenke einfach nur, dass Du und Dein Partner bei all Eurem Tun Eure Kräfte gut einteilt und Euch stets – was Ihr auch tut – über die Konsequenzen im Klaren seid. Haltet immer mal wieder inne im Laufe Eures Lebens und überdenkt Eure Situation. Beides – eine steile berufliche Karriere mit hundert Prozent Einsatz und ein wunderbares Familienleben mit hundert Prozent Präsenz – ist einfach nicht gleichzeitig machbar.

Ich wünsche Dir, dass Du immer alle Möglichkeiten gut abwägen kannst und zusammen mit Deinem Partner eine für Euch beide befriedigende Lösung erreichst.

Nimm Deinen Partner so, wie er ist

Nimm Deinen Partner so, wie er ist – ohne Wenn und Aber. Du wirst nichts, aber auch gar nichts an ihm ändern – jetzt und auch in der Zukunft nicht. Der Einzige, der sich ändern kann, ist er selbst. Das wiederum kannst Du nur insofern beeinflussen, indem Du ihm den Nährboden für eine Veränderung bietest. Du kannst ihm durch Impulse Anreize geben. Das ist oft mühselig und aufwendig, aber es lohnt sich. Die Voraussetzung zu schaffen, damit Dein Partner seine Sichtweise überdenkt, passiert nur, weil Du Dich und/oder Du Dein Verhalten änderst. Finde heraus, was er mag, was er braucht und was ihm guttut.

Das Buch „Die fünf Sprachen der Liebe"[1] möchte ich in diesem Zusammenhang erwähnen. Uns fiel dieses Buch vor vielen Jahren in die Hände. Wir haben es beide gelesen und waren begeistert. Für uns kam es wie eine Bestätigung, dass wir die für uns richtige Lebensweise gefunden haben. Vieles, was in diesem Buch beschrieben steht, setzen wir bereits intuitiv im Alltag um als „unser Rezept".

Bill und ich haben es durch viele Streitereien, Gespräche und Diskussionen herausgefunden. Dieses gelang uns aber auch nur, weil wir schon von Anfang an absolut grundehrlich zueinander waren und immer das Bestreben hatten, aus unserer Partnerschaft und Liebe das Optimale herauszuholen. Wenn irgendetwas nicht mehr so „schön" war wie am Anfang, hatten wir immer das Gefühl, dass etwas ganz Wichtiges verloren gegangen ist. Und wer verliert schon gern etwas? Wir jedenfalls nicht!

Zeitweise war es ein enormes Problem zwischen uns, dass Bill immer alles so großzügig und selbstaufopfernd hinnahm. Er verschwand hinter seinen (Schutz-)Mauern und wartete geduldig auf bessere Zeiten. Ich dagegen, wie ein kleiner (manchmal auch großer!) Elefant im Porzellanladen, schrie und tobte – und das oft stundenlang –, denn ich

---

1   „Die Fünf Sprachen der Liebe" von Gary Chapman, erschienen im FRANCKE-Verlag.

wollte das nicht hinnehmen, ich wollte „mein Paradies" zurück, und das bitte sofort! Damals hatte ich auch noch nicht so sehr das Wir-Gefühl in mir und schon gar nicht die Tendenz, auch bei mir zu suchen. Und mit meinen „Du hast, Du musst, Du sollst" habe ich Bill so sehr erdrückt, dass er eh schon nichts mehr sagte und sich schweigend zurückzog. Dieses Schweigen war für ihn sozusagen die Rettung, für mich war es Mord. Ich wundere mich, dass ich damals nicht einen Herzinfarkt vor lauter rasender Wut bekommen habe.

Manchmal schleicht sich dieses Phänomen des Verlierens – ich nenne es jetzt immer das „Verlieren in das zu Alltägliche" – auch heute noch bei uns ein; nur mit dem Unterschied, dass (Gott sei Dank) fast immer wenigstens einer von uns das bemerkt und es sofort anspricht. Wir können uns dann umgehend bemühen, es aus der Welt zu schaffen, und zwar, bevor es auf die lange Bank geschoben wird und bevor wir uns zu sehr festfahren.

Wenn Du offen dafür bist, nimmst Du ja auch ziemlich schnell wahr, worauf Dein Partner anspricht. Wenn Du nicht immer mit Dir selbst und Deinen eigenen Wünschen und Forderungen beschäftigt bist, sondern Dein Augenmerk auf das lenkst, was Deinem Partner guttun könnte, merkst Du es eben.

Mir wurde klar, wenn ich Bills Liebe nicht immer nur hin- und annehme, sondern ihm meine Anerkennung dafür auch ausdrücke, füllt es seinen Liebestank (wie es in dem Buch genannt wird), es geht ihm gut, und er ist voller Einsatz, Kraft und Freude.

Natürlich gelingt auch das nicht immer. Wenn ich ganz unten war und leer, hatte ich weiß Gott nicht genügend Energie, um mich um Bills Wohlergehen zu kümmern. Deswegen ist es ja auch so schwer, ein gesundes Gleichgewicht in dieses Nehmen und Geben hineinzubringen. Deswegen ist es so anstrengend und arbeitsaufwendig und eine nie endende Aufgabe. Ganz besonders schwierig wird es, wenn beide schlecht drauf sind und beide die Zuwendung des anderen so dringend brauchen, um wieder „auf die Beine" zu kommen. Und auch da wieder: Egal, wie wenig Erfolg versprechend es erscheint, sprich das Problem an, sprich es aus. Nur, was im Raum steht, kann bearbeitet werden. Wir sind alle keine Hellseher, wir alle können nicht zu hundert Prozent erahnen, was der andere möchte bzw. was ihm fehlt.

Ich hingegen benötige Zärtlichkeit. Wenn ich diese nicht und/oder zu wenig bekomme, werde ich aggressiv, streitsüchtig und entwickle eine depressive Stimmung. Bekomme ich dieses Nähegefühl und diese Zärtlichkeit, dann ist bei mir alles in Butter und ich kann Bäume ausreißen – meine Stimmung ist auf dem Höchststand.

Als ich Bill kennen lernte, war Tanzen meine große Leidenschaft; eigentlich war es mein Traum, einen Mann zu finden, mit dem ich Turnier tanzen könnte. Bill und ich begegneten uns auf einem Ausflug, bei dem als Abschluss ein Tanzabend auf dem Programm stand. Zu diesem Zeitpunkt war ich noch unglaublich schüchtern und konnte kaum den Mund aufmachen. Es war Damenwahl, und ich ging tatsächlich zu Bill hin und bat ihn um den Tanz. Bis heute weiß ich nicht, was mich da geritten hat. Vielleicht war es Schicksal? Wenn Du Dir mal überlegst, wie viel Überwindung mich diese Frage gekostet hat, kannst Du sicher verstehen, wie geschockt ich über seine Antwort war: „No, thank you, I don't dance!" (Nein danke, ich tanze nicht!) Mit meiner Maske des „Cool-Seins" habe ich die Situation „locker" überspielt, und wir haben eine Zigarette zusammen geraucht. Als wir später verheiratet und in Deutschland waren, war ich auf Partys oft sauer, dass er nicht tanzte. Fairerweise muss ich sagen, dass er nie „eifersüchtig" über mich gewacht hat, ich durfte immer und viel mit anderen Männern tanzen. Aber letztendlich fehlte es mir, dass *er* nicht mit mir tanzte. Später hat er aus Liebe zwei Kurse mit mir absolviert. Er hat es wirklich mit aller Kraft versucht und sein Optimum gegeben. Ich sehe ein, er kann es einfach nicht, er hat zwei linke Füße, es liegt ihm nicht. Letztendlich musste ich das so akzeptieren. Leider bist Du nicht immer so schnell lernfähig, wie Du Dir dies wünschst. Stattdessen vergeudest Du so viel Energie. Natürlich bedauere ich es auch heute noch, dass wir dieses von mir so geliebte Tanzen nicht miteinander teilen können, aber an solchen Gegebenheiten kannst Du bei aller Mühe nichts ändern, da bleibt nur die Akzeptanz des Unausweichlichen.

Gebrauche Deine Energie für Dinge, die sich lohnen, und renne nicht Dingen nach, die aussichtslos sind. Akzeptiere solche Tatsachen!

Bestimmt über zwanzig Jahre hinweg habe ich gefühlt, dass ich meinen Mann mag, ABER wie oft kam dennoch der Satz „… aber er ist mir zu klein, er ist nicht romantisch genug, er tanzt nicht …" Heute weiß und fühle ich, dass ich ihn so liebe, wie er ist. Natürlich hätte ich gern einen Mann gehabt, der mindestens 1,80 m lang ist, einen mit vollem Haar, einen, der unsterblich romantisch und dessen Hobby das Tanzen ist. Aber der Blickwinkel ist einfach völlig anders heute. Ich will ihn in keiner Weise mehr irgendwo hintrimmen, ich will ihn überhaupt nicht mehr in eine von mir gewünschte Form hineinpressen. Ich sehe all seine vielen guten Eigenschaften und schaue dahin, was für unendlich viele Vorzüge er mir schenkt, und fühle seine unendliche Liebe – und all das lässt meine anderen Wünsche als völlig geringfügig verblassen.

Nimm Signale war. Die zahlreichen Sprichwörter sind kein Zufall. Wenn Du oder Dein Gegenüber dauernd verschnupft seid oder sehr häufig Rückenprobleme habt, heißt es nicht umsonst „Ich habe die Nase voll", „Ich finde die Situation zum Kotzen" oder „Ich kann es nicht ertragen". Das sind oft Zeichen, dass Veränderung vonnöten ist! Sie können bedeuten, dass ein Druck (= Überdruck) entstanden ist, den es abzubauen gilt!

Schaue genau hin in Deiner Partnerschaft. Übst Du vielleicht zu viel Druck auf Deinen Partner aus, forderst Du zu viel und nörgelst Du unnötigerweise ständig an ihm herum? Wenn ja, tue etwas dagegen, ändere Dein Verhalten, so gut Du es kannst, und schaue, ob dadurch nicht bald positive Veränderungen stattfinden. Bist Du es, der diesen Druck vom Partner spürt, lasse es ihn wissen, wie sehr Dich dieser Druck „erdrosselt". Sprecht miteinander über Eure Empfindungen, sprecht über Eure Wünsche, aber macht auch klare Ansagen über das, was Ihr bei aller Liebe nicht für den anderen tun könnt oder bei aller Liebe auch nicht bereit seid zu tun. Dein Partner kann es nicht riechen. Der nächste Schritt ist, dieses ein für alle Mal endgültig zu akzeptieren, und dieses „… ABER Du solltest, ABER Du müsstest usw." endgültig aus Deinem bzw. Eurem Sprachschatz zu streichen. Es ist vergeudete Energie!

Wenn er mit Dir und/oder Du mit ihm trotz aller Bemühungen nie und immer wieder stets aufs Neue nie auf einen Nenner kommst und Euch beiden die Gabe der Akzeptanz der Art des anderen fehlt, würde ich sagen, Euer Verständnis füreinander ist dann wohl nicht groß genug. In dem Falle müsst Ihr Euch entweder mit diesen ständigen kleinen Streitereien abfinden und Euch damit arrangieren oder aber über Trennung nachdenken.

Das liebe Geld

Bei so vielen von unseren Freunden und Bekannten ist Geld immer und immer wieder ein Thema für Streit. Etwas, das Bill und ich so wahnsinnig schwer nachvollziehen können.

Bill und ich haben Schwierigkeiten gehabt, auch große Schwierigkeiten; auch wir haben in all den Jahren schon mal über Trennung und/oder Scheidung nachgedacht, aber wirklich nicht ein einziges Mal haben wir jemals „Geld" als Thema eines Streites gehabt. Was ist es nur, was wir „haben" und andere nicht? Ich möchte wenigstens versuchen, dieses Phänomen zu erklären. Es wäre schön, wenn ich den einen oder anderen von Euch davon überzeugen könnte, wie völlig unwichtig und unnötig solche Streitereien sind. Die einzige Ausnahme, bei der es wirklich anderen Handlungsbedarf gibt, ist, wenn einer der Partner überhaupt nicht mit Geld umgehen kann und/oder mehr Geld ausgibt, als vorhanden ist, oder wenn Spiel- oder Kaufsucht vorliegt. Ich spreche hier aber nur von „normalen" Partnerschaften.

Man sagt so leicht dahin: „Geld macht nicht glücklich!" Es ist auch meine Meinung, dass das Geld allein nicht *glücklich* macht, aber die Tatsache, ausreichend Geld zu haben (im Sinne von, dass ich mir keine Gedanken zu machen brauche, ob ich morgen etwas zu essen oder im Winter ein paar neue Stiefel benötige und mir dies kaufen kann), hat schon einen sehr beruhigenden Faktor. Ehrlicherweise muss ich zugeben, wären Bill und ich auf die Sozialhilfe angewiesen gewesen und/oder heute Hartz-IV-Empfänger, so hätten wir sicher tausendmal mehr tun müssen für unser Glück; denn jeden Tag darüber diskutieren zu *müssen*, wie das Geld einzuteilen ist, weil es einfach an allen Ecken und Enden für das Notwendigste nicht reicht, das zehrt wohl so sehr an den Nerven, dass allein dadurch schon Streit entstehen kann.

Von solchen Situation möchte ich aber nicht sprechen. In diesem Zusammenhang kann ich nur immer wieder betonen, dass ich (und das wirklich schon immer jeden Tag) sehr, sehr dankbar bin, dass ich bis jetzt nie in einer solchen Situation sein musste. Wir haben auch schwere Zeiten gehabt, waren aber nie am absoluten Existenzminimum. Vielleicht muss ich etwas weiter ausholen, um unsere Ausgangs-position und unsere Entwicklung klarer darzulegen.

Angefangen haben wir in England mit einer möblierten Wohnung. Monate nach unserer Heirat haben wir unser erstes Doppelbett ge-kauft (bis dahin haben wir die Nächte auf einer Schlafcouch – ausge-zogen 190 x 90 – verbracht). Der Kauf eines vernünftigen Bettes war zu dem Zeitpunkt lebensnotwendig, damit wir nachts endlich ausrei-chend Schlaf bekamen. Unser erstes wirklich „eigenes" Möbelstück war ein kleiner Teak-Couchtisch. Ich sehe uns heute immer noch, wie wir glücklich mit dem Tisch über dem Kopf durch die ganze Stadt ge-laufen sind, um dieses erste Möbelstück nach Hause zu schaffen. Es hat uns unwahrscheinlich viel bedeutet. Wir haben es uns *gemeinsam* angeschafft, es war sozusagen das erste Teil von *unserem Zuhause*. Schon ziemlich lange haben wir dieses Möbelstück nicht mehr im Gebrauch; aber es steht noch immer bei uns oben auf dem Boden, weil wir uns nicht davon trennen können, da es so sehr als Symbol für unsere „Gemeinsamkeit" steht.

Von Anfang an, und bis heute, geht es immer nur darum, ob und wie wir uns etwas leisten können – ob genug auf dem Konto ist oder nicht. Es ging und geht nie darum, ob wir dafür „mein" oder „sein" Geld nehmen. Wir hatten von Anfang an allerdings auch immer nur ein Konto.

Wenn Ihr heute *mein* und *dein* Geld und *mein*, *dein* und *unser* Konto habt, so ist das völlig in Ordnung; aber es wäre einfach toll, wenn Ihr beim Geldausgeben eine Art „Wir"-Gefühl entwickeln könntet.

Glücksgefühle entstehen doch bei *gemeinsamen* Planungen, seien es im Haus oder in der Wohnung Neuerungen und/oder Umbauten, Urlaub oder wenn ein Kind kommt oder bei tausend anderen Dingen. Es sollte dann immer um diese ganz bestimmten Planungen gehen und wie wichtig diese für jeden von Euch sind, aber eben nicht darum, um wessen Geld es sich handelt.

Vielleicht liege ich ja auch falsch damit. Aber wenn ich liebe, dann will ich es mit meinem Liebsten teilen. Wir haben immer nur von „un-serem" Geld gesprochen. Ich sehe ein, dass es heute, besonders bei den Jüngeren, etwas anders läuft. Es ist auch völlig in Ordnung und sicher auch richtig, dass Ihr „mein" und „dein" Geld verwaltet, aber doch bitte nicht so akribisch, und schon gar nicht so pfennigfuchserei-mäßig (sorry: Cent-genau). Niemand soll irgendjemanden ausnutzen. Wenn ich einen solchen Wesenszug bemerke, reagiere ich auch sehr heftig und setze einen Schlusspunkt. Aber ansonsten gibt es mir so unendlich viel, meinem Partner, meinen Kindern und auch Freunden gegenüber einfach mal großzügig zu sein. Und wenn Du es bist, wirst Du feststellen, dass es auch zurückkommt.

Das Nehmen und das Geben bestimmt das Leben, und Bill und ich haben festgestellt, dass das Geben sehr oft das schönere Gefühl ist.

Zwischen „Ich gebe alles aus, was ich habe" und „Ich spare alles, was ich habe" liegen Welten, das heißt, es gibt unendlich viele Mög-lichkeiten. Sicher hat jeder seine ganz persönliche Denkweise, und ich möchte hier auch keine genaue Anleitung geben, wie Du wann wie viel Geld ausgeben sollst/darfst. Allerdings möchte ich Dir etwas raten: Sei niemals leichtsinnig, aber dennoch tue ab und zu etwas Ver-rücktes, etwas Unvernünftiges, etwas Ungeplantes. Das erfrischt und bleibt (zumindest meistens) positiv in der Erinnerung haften. Ich denke da an 1977, als wir unser Dachgeschoss mit einer Sauna ausgebaut haben. Wie es immer so ist, war alles teurer geworden als geplant, und die Anschaffung eines vorgesehenen Fernsehers konnten wir uns finanziell nicht mehr leisten. Eines Tages waren wir einkaufen in einem großen Warenhaus, und aus den Fernsehern in der Rundfunkabteilung erschallte die Nachricht, dass Hanns Martin Schleyer ermordet worden war. Was für eine Nachricht, was für ein Schock. Ich meinte zu Bill: „Siehst Du, so schnell kann alles zu Ende sein; wir müssen einfach heute leben und nicht auf morgen warten. Vielleicht sollten wir aus dieser Perspektive heraus einmal unvernünftig sein, indem wir uns jetzt und gleich hier den kleinen Fernseher für unseren Sauna-Auf-enthaltsraum kaufen!" Er schaute mich an und sagte: „Okay, Du hast Recht – das machen wir!" Es war ein kleiner Fernseher, die Summe war überblickbar und wir gingen nicht wirklich ein finanzielles Risiko ein. Du ahnst gar nicht, wie unglaublich groß unsere Freude an diesem Gerät war. Dieser Fernseher war und blieb bis heute eine besondere Erinnerung.

Lasst Blumen sprechen

Sicher kennst Du den Satz auch: „Nie bringt er mir mehr Blumen mit!"

Es geht hier in diesem Kapitel aber nicht nur um Blumen, und schon gar nicht geht es nur darum, dass *ER* der lieben Frau etwas mitbringen soll. In erster Linie geht es mir darum, dass Du Dein Gegenüber bewusst wahrnimmst und einmal genau hinschaust, was er möchte.

Diese kleinen Aufmerksamkeiten des Alltags sind es, die das Leben versüßen, die Dich aufmuntern, Dein Herz erfreuen und Deine Seele jubeln lassen.

Mein Bill hat mir jahrelang jede Woche am Sonnabend einen Strauß Blumen mitgebracht, und auch immer hat er mir diesen Strauß mit einem Kuss und einem liebevollen Satz übergeben. Dieses Blumenkaufen und die Übergabe an mich sind nie zu einer Routine geworden, sondern es ist über all die Jahre hinweg etwas Besonderes geblieben, und das hat es so wertvoll gemacht. Einige Zeit nach der Einführung des Euros haben wir beschlossen, diese so lieb gewonnene Gewohnheit abzuschaffen, weil die Blumen einfach zu teuer geworden waren. Also nicht mehr jede Woche am Sonnabend einen vollen Strauß. Jetzt bekomme ich ihn noch ab und zu, und zwischendurch ist es mal *eine* Rose, *eine* Orchidee, *eine* Gerbera. Das Besondere ist durch den Überraschungseffekt noch besonderer geworden, und jedes Mal aufs Neue gibt es mir ein wunderbares Gefühl, denn ich fühle mich wertgeschätzt durch ihn. Ich registriere diese wunderbare Geste immer wieder mit großer Freude und Stolz.

Es wäre übertrieben, wenn ich sage, er macht mir bei jedem Gang zum Auto immer und stets die Beifahrertür auf, damit ich einsteigen kann. Aber ich sage Dir, zu neunzig Prozent macht er es tatsächlich. Mit einem Lächeln auf dem Gesicht öffnet er die Tür und signalisiert mir, ich möge Platz nehmen. Dabei achtet er auch immer darauf, dass auch meine Jacke oder mein Mantel richtig im Auto gelandet sind und sich nicht in der Tür verhaken können. Ich lächle zurück – und schon war da wieder ein Moment der „Liebe", ein Moment der Gefühle.

Wenn wir von irgendwoher nach Hause zurückkehren, verlasse ich meist zuerst das Auto vor der Garage und mache das Tor auf, und auch dann: Ich lächle ihn durch die Scheibe an, mache eine nette einladende Geste, dass er jetzt in die Garage hineinfahren kann, und er lächelt zurück. Ich warte auf ihn, und wir gehen gemeinsam ins Haus.

Natürlich ist dies jetzt keine Aufforderung für Dich, dass Du all diese Dinge auch und immer praktizieren musst. Aber dennoch sollte für Dich hängen bleiben, dass Du ab und zu und immer mal wieder Deinem Gegenüber etwas Gutes tust.

Bist Du ein Mann, so ist es leichter für Dich, denn einer Frau etwas zu schenken ist relativ einfach. Umgekehrt, bist Du eine Frau, musst Du Dir schon mehr Gedanken machen. Aber eine Tafel Schokolade, eine gute Flasche Wein oder ein neues Hemd mal so zwischendurch – das kann Wunder bewirken. Mein Mann liebt seinen Whisky, seinen Single Malt; er ist ein Genießer und freut sich auf seinen „Dribble" (Tröpfchen). Leider sind diese Whiskys nicht gerade preisgünstig, aber so ein- bis zweimal im Jahr kaufe ich ihm eine seiner Lieblingsflaschen oder kundschafte mal wieder im Internet eine Sorte aus, die er noch nicht getrunken hat, von der ich aber ausgehen kann, dass es ein Whisky ist, der ihm munden wird. Ich selbst trinke keinen Whisky, aber weil es die große Liebe meines Mannes ist, habe ich mich damit beschäftigt und weiß darüber Bescheid. Ich nehme an seinem Interesse teil.

Es muss auch nicht immer so eine teure Aufmerksamkeit sein. Die Verpackung spielt eine wesentliche Rolle. Eine lustig eingepackte Flasche Bier mit einem guten und/oder witzigen Spruch kann gleiche Wirkung und Freude bringen.

Neulich sagte eine Freundin zu mir, die seit gut einem Jahr einen neuen Freund hat: „Wir lieben uns noch, wir sind uns nach wie vor sehr nah, wir haben auch noch viel Sex, aber … irgendwie ist er nicht mehr so aufmerksam wie am Anfang. In der ersten Zeit unseres Zusammenseins hat er viel mit mir und den Kindern unternommen, mir dauernd SMS geschrieben, mir immer mal etwas mitgebracht und auch ständig Komplimente gemacht. Das hat mir für mein Selbstbewusstsein enorm gutgetan. Aber jetzt … Ich verstehe es einfach nicht und frage mich, warum er mir diese Aufmerksamkeiten jetzt nur noch so selten schenkt."

Das ist es eben: Diese kleinen Dinge, die zeigen, wie sehr Du gemocht, geliebt und gebraucht wirst – diese kleinen Dinge geben jedem Alltag die besonderen Momente. Und aus den besonderen Momenten festigt sich eine gute und solide Partnerschaft. Natürlich gibt es sowohl bei Frauen als auch bei Männern absolute Stinkstiefel – aber bei neunundneunzig Prozent der Menschen bewirkt eine gegebene Freundlichkeit, dass auch Freundlichkeit zurückkommt. Selbst ein Lächeln zaubert fast immer ein Gegenlächeln hervor. So viele dieser kleinen Gesten kosten noch nicht einmal Geld, sondern einfach nur etwas Mühe.

Als wir in Sri Lanka zur Ayurveda-Kur waren, wurden unsere Betten jeden Abend mit wunderschönen Blüten verziert, und aus Blättern war immer ein Spruch gelegt, zum Beispiel „Welcome", „Good Night" oder Ähnliches. Als wir wieder zu Hause waren, habe ich es auch das eine oder andere Mal gemacht: einfach eine Blume aus dem Garten auf sein Bett gelegt und mit Blättern „I love you" dazu geschrieben. Du könntest zum Beispiel einfach mal eine seiner Lieblingssüßigkeiten als „Nachthupferl" auf das Kopfkissen legen; ich bin sicher, das kommt gut an.

Schick ihm doch einfach mal eine SMS: „Ich denke gerade an Dich und wollte Dir sagen, dass ich Dich liebe" oder „Ich bin so glücklich, dass es Dich gibt" oder, oder, oder.

Allerdings – alles was Du in dieser Richtung tust, sollte niemals in Routine und Selbstverständlichkeit ausarten, sondern immer und stets etwas Besonderes bleiben, denn sonst verliert es seinen Charme.

Wenn Du kleine oder auch große Geschenke machst, packe sie liebevoll ein, das macht es noch besonderer. Vielleicht legst Du noch eine Karte dazu mit ein paar bedeutungsvollen Worten. Ich kann mich noch daran erinnern, als ich Au-pair-Mädchen in England war in einer Familie mit zwei kleinen Kindern. Einige Wochen nach meiner Ankunft hatte das vierjährige Mädchen ihren Geburtstag. Morgens auf dem Frühstückstisch lag eine Packpapiertüte neben ihrem Teller, und in dieser waren einige Geschenke. Für mich war es unbegreiflich, wie man so „lieblos" sein konnte. Ich meine auch nicht, dass es mehr Geschenke oder teure Geschenke hätten sein müssen, nur die Art der Verpackung und Übergabe haben mich geschockt.

Bill nennt mich „wify" (übersetzt = „Frauchen"). Obwohl es für mich in der Übersetzung immer ziemlich lächerlich klingt, ist es für mich – so wie er es sagt – eine Liebkosung. Egal, ob es „Schatzi", „Mäuschen" oder was auch immer ist – der Ton in der Stimme macht es. Entweder es klingt wie ein langweilig hingesagter Routinesatz oder aber Du spürst, dass Du mit Liebe angeredet wirst. Eine liebevolle Anrede kann sich auch wie ein kleines Geschenk anfühlen.

Als ich aufhörte zu arbeiten und das Rentendasein anfing, bekam ich am letzten Tag in meinem Büro eine Mail von meinem Mann:

My Love, every day one has to face new decisions, so let us face them and enjoy our life together. Hope your last day is a happy one. See you later. Love, Bill.

Meine Liebe, jeden Tag steht man neuen Entscheidungen gegenüber, lass sie uns annehmen und unser Leben zusammen genießen. Hoffe, Dein letzter Arbeitstag ist ein glücklicher. Bis später. Ich liebe Dich, Bill.

Bill ist nicht so der Romantiker, umso mehr haben mich seine lieben Worte ganz besonders berührt. Und gerade wenn es jemandem so schwerfällt wie ihm, solche Worte zu formulieren – dann ist es ein ganz besonderes Geschenk.

Vielleicht meinst auch Du, dass Dir so etwas nicht liegt. Gib nicht sofort auf, versuche es. Jeder Versuch ist immer noch besser, als es völlig zu unterlassen. Auch wenn Du mal etwas bekommst, was Du nicht sooo toll findest und „schlauerweise" meinst, das hätte man doch viel besser machen können. Nimm Deine Kritik zurück und schaue dahinter. Schaue hin und nimm wahr, was er damit ausdrücken will. Wenn Du etwas bekommst und Dich freust, dann zeige es bitte. Registriere das Geschenk nicht nur mit „innerer Freude", sondern lasse es Deinen Partner auch fühlen, *wie sehr* Du Dich darüber freust. Unsere jüngste Tochter hat mal in sehr jungen Jahren zu ihrem Papa gesagt: „Ich schenke Dir *nie* wieder etwas, Du freust Dich ja gar nicht!" Selbstverständlich hatte sich Bill gefreut, aber es war ihm nicht so gegeben, es auch in entsprechender Art zu zeigen. Diese Aussage unserer Tochter bewirkte, dass er sich fortan bemühte, seiner Freude mehr Ausdruck zu verleihen. Er hatte begriffen, wie sehr sein passives Verhalten unsere Tochter verletzt und getroffen hatte.

Ganz früher war ich eine von diesen „Hundertprozentigen". Was immer Bill oder die Kinder machten, es war sowieso nie richtig, und ich hatte immer etwas auszusetzen. Das hat sich erst mit der Therapie geändert.

In diesem Zusammenhang fällt mir eine Geschichte ein: Es war Muttertag. Normalerweise bin ich dafür, einen solchen Tag zu vergessen. Für mich bedarf es nicht eines besonderen Tages im Jahr, um die Mutter zu ehren. An diesem Morgen kamen unsere beiden Kinder zu uns ans Bett und brachten uns Frühstück. Bedeutungsvoll überreichten sie uns außerdem ein Stück Pappe, worauf geschrieben stand:

Gestern haben wir gelacht und uns gedacht,
wir machen keinen normalen Muttertag, sondern einen Elterntag.

Und sagen *merci*, weil Ihr für uns da seid.
Sagen *merci*, weil Ihr bei Schwierigkeiten bei uns bleibt.
Sagen *merci*, weil Ihr uns helft, unsere Ziele zu erreichen.
Sagen *merci*, weil Ihr uns helft, uns selbst zu begreifen.
Sagen *merci*, weil es Euch gibt.
Und sagen *merci*, weil Ihr uns liebt.

Wir glauben, dass wir zwar eine der verrücktesten, aber auch eine
der glücklichsten Familien sind, und sagen: Prost, auf dass
wir noch viele Jahre über die verrücktesten Sachen lachen.

In unendlicher Liebe, mit einer Prise kleiner Kriege

Ilka und Katja

Es war eines der ersten „neuen" Erlebnisse: Ich sah diesen wunderbaren Spruch, der uns da zuteil wurde von unseren Kindern. Früher hätte ich bestimmt als Erstes bemängelt, dass er auf grauer Pappe statt auf weißem Papier geschrieben stand („Konntet Ihr nicht schöneres Papier dafür finden?"), dass einige Deutschfehler vorhanden waren („Da hättet Ihr Euch schon mehr Mühe geben können!") und dass manchmal sogar fast unleserlich „geschmiert" worden war („Eure Handschrift lässt wirklich noch viel zu wünschen übrig!") usw., usw. Aber es war für mich ein so bewegendes Gefühl, dass ich diese eben genannten Dinge zwar noch registrierte (dazu habe ich dieses Verhaltensmuster zu lange gelebt), aber zum ersten Mal war das alles völlige Nebensache. Mein Herz blühte auf bei so viel Liebesbeweis unserer Kinder.

Alles, was Du machst, musst Du auch fühlen!!! Aus Berechnung so nach dem Motto „Ich gebe ihm das, damit ich dies oder jenes damit erreiche", das wird auf Dauer nicht funktionieren.

Früher habe ich auch des Öfteren versucht, unsere Kinder zu bestechen. Ich habe ihnen Geschenke und Süßigkeiten mitgebracht und ernsthaft geglaubt, *dann* würden sie doch endlich ihre Zimmer aufräumen.

Wenn Du gibst, weil Du liebst, wenn Du gibst, weil Du Freude bringen willst – dann und nur dann kommt (unter wahren Liebenden) dieses aufrichtige, wahre Geben auch ehrlich an Dich zurück. An dem Sprichwort „Wie Du in den Wald hineinrufst, so schallt es wieder heraus" haftet eine Menge Wahrheit.

Sage ihm etwas Liebes, schreibe kleine Briefchen/Zettel. Sie kosten nichts und können den Tag so sehr verschönen.

Wenn der Partner auf Geschäftsreise muss, einfach einen kleinen Zettel in den Pyjama legen. Glaube mir, wenn ich noch alle Zettel hätte, die wir uns in unserer Familie im Laufe der vielen Jahre gegenseitig geschrieben haben – wir könnten sicher das ganze Haus damit tapezieren!

Wenn ich nach Hause komme und Bill ist vorher weggegangen, finde ich einen Zettel, wo er ist. Umgekehrt genauso. Und fast immer befindet sich ein „Ich liebe Dich" oder ein gemaltes Herz oder eine gemalte Blume neben dem Text. Solche Dinge schaffen Nähe und Vertrauen. Sie zeigen mir, dass ich ihm wichtig bin oder, anders herum, dass ich ihn wahrnehme, ihn mit einbeziehe. Selbst heute, da mein Mann an einem Zittern der Hände (essential tremor) leidet und ihm das Schreiben und Malen schwerfällt – selbst heute bekomme ich diese Zettel noch. Die Schrift und das gemalte Herz sind da schon manchmal ziemlich krakelig, für mich aber nach wie vor einfach nur schön.

„Danke", „Bitte" - Freundlichkeit

Es fängt schon bei den Tischmanieren an. „Gib mal die Butter rüber!", „Kann ich den Kaffee haben?" Blumen geben einem Zimmer eine warme und angenehme Atmosphäre, die Zauberworte „Danke" und „Bitte" tun es auch.

Es ist mit Sicherheit schöner anzusehen, wenn Du gute Tischmanieren pflegst. Eine junge Frau, geschieden, meinte neulich in einem Gespräch, einen Partner, der mit tadellosen Manieren speist, empfinde sie als sehr „sexy". Vielleicht schätzt sie ein solches Benehmen so extrem, weil ihr Ex-Mann beim Essen oft schmatzte und nicht selten mit vollem Mund sprach, und das empfand sie wiederum als extrem abstoßend. Da half ihr auch nicht die Erklärung des Mannes, der sich außerhalb des Hauses sehr wohl zu benehmen wusste: „Zu Hause kann ich ja wohl noch essen, wie es mir passt!" In dieser Aussage ist enthalten „Es ist mir egal, wie Du das siehst", und damit zeigt dieser Satz die totale Ignoranz des Partners.

Jetzt beim Schreiben geht mir auf, dass auch bei mir diesbezüglich noch ein großes Defizit herrscht. Obwohl ich es (theoretisch) verabscheue, wenn beim Essen der Fernseher läuft, gebe ich (praktisch) diesem Wunsch, mich während einer Mahlzeit per TV berieseln zu lassen, häufiger nach, obwohl ich weiß, wie sehr dies Bill widerstrebt. Und somit gebe ich mir jetzt selbst einen Tipp: Versuche in Zukunft verstärkt, diese schlechte Angewohnheit loszuwerden. Nachdenken über ein Thema, wie jetzt das Schreiben darüber, schafft eben oft die notwendige Erkenntnis.

Sehr häufig, wenn wir spazieren gehen und dabei fremden Leuten begegnen, machen wir uns den Spaß, schauen diese Menschen freundlich lächelnd an und wünschen Ihnen einen guten Tag. Die erste Reaktion ist immer für einen Moment eine sehr verdutzte (so nach dem Motto „Wer ist das – kenne ich die?"), und dann gibt es verschiedene Möglichkeiten:

Die ganz „Schlimmen", die grüßen weder zurück, noch würdigen sie Dich irgendeines Blickes und gehen erhobenen Hauptes an Dir vorbei. Aber diese Menschen sind selten, und sie solltest Du ganz schnell wieder vergessen.

Bei anderen aber, die oft zunächst auch etwas griesgrämig drein-schauen, zaubert Dein freundliches „Guten Tag" meist ein Lächeln auf ihr Gesicht. Versuche es auch einmal. Es macht Spaß und erfreut sowohl Dein Herz als auch das derer, denen Du begegnest.

Bist Du in einem Geschäft nett bedient worden, danke dem Ver-käufer für die kompetente Beratung; wenn der Postbote Dir die Post bringt, sage ihm ruhig einmal, wie schön es ist, dass er Dir die Post jeden Tag bringt.

Wenn bei uns einer gekocht hat, den Frühstücks- oder Abendbrot-tisch gedeckt hat, sagt der andere immer ein liebes „Danke!". Dieses in die Erziehung der Kinder einfließen zu lassen, sollte selbstverständlich sein.

Bei uns passiert es immer mal wieder, dass einer von uns sich bei dem anderen abends beim Zubettgehen bedankt für den wunderschönen Tag, den wir gemeinsam hatten; wir tun dies, um ihm zu sagen, dass *er* es war, der so viel zum Gelingen des Tages beigetragen hat.

Fordere nicht, sondern bitte um etwas. Nimm Geschenke, Gefäl-lig- und Nettigkeiten nicht als selbstverständlich hin, sondern mache Dir die Mühe, Dich mit entsprechenden Worten und/oder Taten zu bedanken.

Bemühe Dich auch um Freundlichkeit in Deinem Beruf. Auch dort wirst Du ein gleiches Echo fühlen. Damit verbessert sich das Arbeits-klima. Eine gute Atmosphäre bei der Arbeit macht Dich zufriedener und ausgeglichener und hat damit wiederum positiven Einfluss auf Deine Partnerschaft.

Lächelnde, freundliche und höfliche Menschen sind immer eine Be-reicherung in einer Beziehung und in der Gesellschaft. Leute mit einem mürrischen Gesicht, die laut, fordernd und unhöflich auftreten, sind eher unerwünscht, nerven und vergiften die Atmosphäre.

Kontakte, Freunde, Freizeit

Bill und ich pflegen eine besondere Art des Zusammenlebens, wir sind fast schon wie eine Symbiose. Achtundneunzig Prozent unserer Freizeit verbringen wir gemeinsam. Aus heutiger Sicht empfinde ich das nicht unbedingt als falsch, aber sicher auch nicht mehr als erstrebenswert. Eine gute gemeinsame Basis zu haben ist schön und hilft der Beziehung. Getrennte Aktivitäten beleben die Partnerschaft, fördern den Austausch und erweitern die Gesprächsthemen.

In den früheren Jahren waren wir so abhängig voneinander, so fixiert aufeinander, wobei besonders ich mit meinem Null-Selbstbewusstsein ständig das Gefühl hatte, ohne meinen Mann zu einem „Nichts" zusammenzuschrumpfen – und so ist im Laufe der vielen Jahre diese Situation entstanden.

Vielleicht hätten wir uns in dieser Beziehung ein wenig anders entwickeln sollen, aber jetzt nach über vierundvierzig Jahren Ehe fangen wir ganz sicher nicht damit an, unsere Freizeit anders (*vielleicht* sinnvoller) zu gestalten. Und – ich glaube, das ist der wichtigste Punkt an der Sache – Bill und ich fühlen uns wohl dabei. Allein ausschlaggebend ist: Was immer Du tust – es soll Dir Spaß und Freude bereiten.

Ich sage immer, wenn zwei Leute – oftmals bei älteren Rentnern zu beobachten – den ganzen Tag lang Fernsehen schauen und sich dabei wohl fühlen, sollen sie es doch um Gottes willen tun und so leben. Wenn sie es nur noch aus Gewohnheit machen, weil sie sonst einfach nichts mehr miteinander anfangen können, zu faul sind, einen Spaziergang zu machen und auch nichts mehr haben, worüber sie sich miteinander unterhalten können – dann allerdings finde ich es sehr traurig und würde mir wünschen, ihnen helfen und eine andere Perspektive aufzeigen zu können.

Es ist schon seltsam. Indem Du Dich veränderst, ändert sich auch immer mehr Dein Umfeld. Dein Freundeskreis bzw. das Miteinander wird anders. Heute lernen wir im Urlaub ganz andere Leute kennen als früher. Ich war früher der absolute Partyclown; ich habe herumgeflirtet, Witze gemacht, gelacht und gescherzt. Indem ich mich veränderte bin ich zwar nicht weniger lustig geworden, aber dieses zu sehr oberflächliche Gegacker ist einfach nicht mehr mein Ding. Interessant war zu beobachten, dass viele Menschen auf mich zukamen, die meinten, ich hätte mich ja so sehr zu meinem Vorteil verändert. Andere allerdings kamen zu dem Schluss, ich sei ja wohl eine absolute Spaßbremse geworden. Du merkst, es kommt immer darauf an, von welcher Seite Du etwas betrachtest. Wichtig ist dabei nur, dass ich mich wohl fühle und es mir völlig gleichgültig ist, was andere Leute denken und ob ich den Wünschen der anderen Leute entspreche. Ich konzentriere mich auf mich und auf uns.

Wenn Du alt bist, so ist es wichtig, dass Du zu jungen Leuten Kontakt hast, denn nur so kannst Du flexibel bleiben und es schaffen, wenigstens ein bisschen die Jugend zu verstehen. Wenn Du jung bist, so ist es wichtig, dass Du zu alten Leuten Kontakt hast, denn Du wirst einmal selbst alt werden und es ist nicht verkehrt, wenn Du schon jetzt versuchst, sie und ihre Probleme zu verstehen. Du solltest sie nicht meiden, weil sie manchmal schon ein wenig tüdelig sind, sich wiederholen und von ihrer „guten alten Zeit" reden. Sie haben viel Erfahrung, sie haben viel erlebt. Du kannst immer auch einiges von ihnen lernen. Außerdem kannst Du das wunderbare Gefühl erleben, wie alte Leute unter Deiner Gegenwart aufblühen, wie Du merkst, dass Du mit wenigen Stunden ihnen das Leben verschönern kannst. Du wirst die Dankbarkeit sicher verspüren.

Löse Dich von so genannten Freunden, die Dich ausnutzen. Suche die, zu denen Du Vertrauen haben kannst. Suche die, bei denen das Nehmen und Geben ausgeglichen ist. Es muss nicht ständig gleich sein, aber es muss sich immer wieder einpendeln.

Ganz viele Dinge, die ich beschreibe, kannst Du nicht nur auf Deinen Partner anwenden, sondern auch auf Freunde, Bekannte, Nachbarn und/oder Arbeitskollegen. Offenheit, Fairness, Verständnis, Ehrlichkeit – einmal begriffen und erlernt – all das sind Attribute, die ein Miteinander in *jeder* Beziehung erleichtern.

Ein kleines bisschen Veränderung ist immer noch mehr als gar keine Veränderung.

Versuche, dieses Schubladen-Denken zu vermeiden. Versuche, flexibel zu sein. Mein Mann wollte damals schon immer aus England fort, während ich lieber dort geblieben wäre. Er wäre gern nach Neuseeland oder Australien ausgewandert oder auch erst einmal „nur" ein Jahr mit dem Motorrad durch die ganze Welt gefahren … aber leider (so sehe ich es heute) war ich dazu nicht flexibel genug. Vielleicht wäre es besser gewesen. Nach Deutschland zu gehen hat uns beruflich und damit auch finanziell weitergebracht, aber für mich war die Rückkehr in die Nähe meiner Mutter nicht sehr förderlich. Mein Mann hat es sehr schwer mit mir gehabt, denn ich verlor die Leichtigkeit, die ich in England hatte entwickeln können, und verwandelte mich zurück in die alte Anke, die wieder voll im Bann der Mutter immer alles richtig machen wollte und musste. Ich selbst habe dies erst viel später begriffen.

Geht ins Kino, geht ins Theater, besucht Konzerte und nehmt teil an Veranstaltungen. Bringt Abwechslung und damit Spannung in Eure Zweisamkeit. Wenn Ihr Kinder habt, gebt lieber einmal Geld aus für einen Babysitter als für ein neues Kleidungsstück. Ein toller Abend zu zweit ist mehr wert als noch eine neue Hose oder noch eine Bluse.

Pflegt den Umgang mit Freunden. Freundschaften bringen neue Impulse in Euer Leben. Freundschaften müssen aber auch gepflegt werden. Vernachlässige sie nicht, sonst wirst Du sie auf Dauer verlieren.

Nachbarschaft

Eine intakte Partnerschaft sollte möglichst ein intaktes Umfeld haben, zumindest ist das wünschenswert.

Wo immer Du auch wohnst – Du hast Nachbarn. Ob es mehrere Parteien in einem Hochhaus sind oder Menschen, die neben Dir in einem Haus wohnen. Oftmals hast Du diese Nähe zu diesen Menschen über viele Jahre – manchmal Jahrzehnte. Du konntest Dir diese (Mit-)Menschen nicht aussuchen, und dennoch entstehen mit Nachbarn sehr häufig tiefe Freundschaften. Genauso oft begegnest Du dabei einigen, die Dir so gar nicht liegen und mit denen leider oft genug Streit entsteht.

Natürlich musst Du mit diesen Menschen keine Freundschaft schließen, aber sei wenigstens tolerant! Rege Dich nicht über „Kleinigkeiten" auf. Überlege Dir genau, ob die Blätter, die von *seinem* Baum in *Deinen* Garten fallen, wirklich sooo unerträglich sind, dass Du Deine Energie in Wut umwandeln musst. Wenn es laut wird nebenan, spring doch mal über Deinen eigenen Schatten und motze nicht gleich wie ein Weltmeister. Natürlich gibt es Vorkommnisse, da musst Du reagieren, keine Frage – aber auch dann gilt wieder: Mäßige Deinen Ton und bleibe sachlich. Ich habe die Erfahrung gemacht, dass es immer gut ist, einen Tag zu warten, bevor ich etwas sage, denn bis dahin habe ich mich wieder beruhigt und kann es gelassener und nicht so „erhitzt" formulieren – damit stoße ich mehr auf Verständnis als würde ich mich aufführen wie eine hysterische Ziege.

Vor nunmehr fast dreißig Jahren bekamen wir neue Fenster und damit auch neue Rollladen am Haus. Volle fünf Jahre später (!!!) bekamen wir eines Sonntags in aller Herrgottsfrühe einen bitterbösen Anruf von einer Familie gegenüber: Sie wären es leid, dass sie ständig gestört würden durch das laute Hoch- und Herunterlassen unserer Rollläden, und wir hätten es in Zukunft zu unterlassen. Außerdem, so fügten sie hinzu, hätten sich auch die beiden Familien neben ihnen schon mehrmals darüber aufgeregt! Für uns war es total verwirrend, weil wir davon wirklich nichts ahnten. Als wir es gezielt ausprobierten, hatte das Betätigen der Rollläden von innen eine normale Lautstärke, von außen aber war es tatsächlich recht lärmend. Wie haben wir reagiert? Ich habe drei wunderschöne Blumensträuße gekauft und jeder dieser drei Familien einen Brief dazu geschrieben. Darin habe ich mich in aller Form entschuldigt und auch erklärt, dass es uns in keiner Weise bewusst war, damit zum Ärgernis für die Nachbarschaft geworden zu sein. Wir würden uns selbstverständlich in Zukunft immer um eine ganz besonders leise Betätigung bemühen. Zum Schluss habe ich mein Befremden und Bedauern ausgesprochen, dass sie es fünf Jahre stillschweigend hingenommen hätten, und die Frage gestellt, warum sie nicht gleich beim ersten Auftreten uns gegenüber das Problem erwähnt hätten. Das Lustige an der Geschichte war, dass einen Tag nach dem Blumenstrauß die beiden anderen Familien anriefen bzw. mit einer Flasche Sekt vorbeikamen, um sich ihrerseits von der geäußerten Beschwerde zu distanzieren, da sie sich keinesfalls so geäußert hätten und hofften, dass dieser Zwischenfall unsere gute Nachbarschaft nicht beeinträchtigen würde.

Es war alles gesagt und bereinigt. Wir haben bis heute ein angenehmes Verhältnis zu allen. Hätte ich sauer auf diesen Anruf reagiert und vielleicht noch rechthaberisch davon gesprochen, dass die Rollläden doch überhaupt nicht laut seien und sie sich gefälligst nicht so anstellen sollten – dann hätte sich dieser Anlass sicher auf Dauer zu einem ausgewachsenen Streit entwickeln können. Nachbarschaftsstreits, die später vor Gericht enden, haben ihren Ursprung oft in solchen banalen Anfängen. Das gegenseitige Beschimpfen und Hochschaukeln in dieser Angelegenheit führt letztendlich zum Eklat.

Dieses Beispiel zeigt einerseits, wie wichtig es ist, gleich und sofort etwas zu sagen, weil sich sonst unnötigerweise viel Ärger und Aggressionen anstauen, und zweitens, wie wichtig es ist, die Lage sachlich und freundlich zu klären, um auch für die Zukunft das Miteinander zu erleichtern. Außerdem lerne: Du sollst immer nur für Dich selbst sprechen und nicht für die Belange anderer Menschen!

Wenn Du irgendwo neu einziehst, dann gehe gleich in den ersten Tagen zu Deinen unmittelbaren Nachbarn. Stelle Dich dort vor und lasse durchblicken, dass Du auf eine gute Nachbarschaft hoffst und Dich bemühst, dies zu erreichen.

Bevor wir in unser kleines Reihenhäuschen zogen, wohnten wir in einer Mietwohnung in Bremen, in der es acht Parteien gab. Wir haben dort fast vier Jahre gelebt; Kontakt hatten wir mit unseren Vermietern, die unter uns wohnten. Die unmittelbaren Nachbarn aus der uns gegenüberliegenden Wohnung grüßten wir freundlich, wenn wir uns ab und zu begegneten. Alle anderen aus dem Haus kannten wir nicht. Wenn wir diesen Leuten auf der Straße begegneten, konnten wir sie nicht zuordnen. Es war alles vollkommen anonym.

Solltest Du in einem solchen namenlosen Block wohnen und Kontakt vermissen, so denke einmal darüber nach, ob und wie Du die Situation verbessern kannst, zum Beispiel, indem Du ein Sommerfest organisierst. Dies fördert generell die Gemeinschaft unter den Bewohnern und den „Neuzugängen" erleichtert es den Einstieg.

Als wir in unser Haus zogen, habe ich mir gesagt, dass ich nicht noch einmal in einem solchen „Niemandsland" leben möchte. Und so habe ich gemacht, was ich oben beschrieben habe: Ich bin von Haus zu Haus in unserer Reihe gegangen und habe mich vorgestellt. Die Leute von gegenüber sprach ich an. Es hat mich große Überwindung gekostet, aber ich kann sagen, dass es sich gelohnt hat. Wir haben eine wirklich tolle Nachbarschaft. Der eine Nachbar erzählt es immer mal wieder: „Mensch, Anke, was bin ich froh, dass Du damals zu uns an die Tür gekommen bist. Dadurch wurde das Kennenlernen so einfach und locker!" Was in unserem Falle erleichternd dazu kam, war, dass wir alle mehr oder weniger zum gleichen Zeitpunkt dort neu eingezogen sind. Der Vorteil dabei war, dass sich noch keine fest eingefahrenen Cliquen gebildet hatten und alle irgendwie einen Neuanfang suchten. Aber selbst dann, wenn Du zu einer bereits bestehenden größeren Gemeinschaft stößt, solltest Du versuchen, Dich einzubringen. Ich meine nicht, dass Du ständig mit den Nachbarn zusammenhocken sollst; aber ich meine, dass Du ein gutes und höfliches Miteinander pflegen kannst. Für Dich und Deinen Partner (und besonders, wenn Kinder da sind) können Nachbarn eine wichtige Hilfe sein. Kennst Du sie, wirst Du auch merken, wann Unterstützung von Deiner Seite angesagt ist. Wir haben sehr viel Hilfe und Verständnis erfahren und selbst immer versucht, gute Nachbarn zu sein. Als wir genau dreißig Jahre dort lebten, habe ich jeder Familie in unserer Häuserreihe eine Blume gebracht mit einer Karte, auf der wir uns bedankt haben für dreißig Jahre gute Nachbarschaft. Das kostete so wenig, die Mühe war gering – aber ich hatte das Gefühl, dass diese Geste sehr viel Freude ausgelöst hat.

Kartenspiele, Puzzles und mehr

Schätze Dich glücklich, wenn Du gern spielst, schätze Dich noch glücklicher, wenn Du einen Partner hast, der es ebenso sieht wie Du. Ich meine damit auch nicht ausschließlich das Spiel mit Freunden, sondern auch das „nur" mit Deinem Partner. Durch das gemeinsame Spiel schaffst Du eine tolle Zweisamkeit. Es entstehen immer wieder viele Möglichkeiten zu einem Gespräch. Will ein Partner beim Fernsehen mal etwas sagen, dann ist meist der andere genervt, da er in dem Moment etwas vom Film verpassen könnte. Beim Spielen aber unterbrichst Du die Partie halt für eine Weile, und die Unterhaltung steht im Vordergrund. Es ergibt sich oft so ganz nebenbei, dass Themen auf den Tisch kommen, bei denen noch Klärungsbedarf herrscht. Beim Spielen bist Du locker, entspannt und fröhlich – und jedes Thema kann in einer solchen Stimmung sicher besser angegangen werden als in einer geplanten „Jetzt reden wir"-Stunde.

Wenn Kinder da sind, solltest Du auf jeden Fall versuchen, ihnen jegliche Arten von Spielen nahezubringen. Spiel schafft Gemeinschaftssinn, schafft soziales Verhalten und oft hilft es sogar, Deinen (und den der Kinder) geistigen Horizont zu erweitern.

Beim Spielen lernst Du Deinen Partner sehr gut kennen. Kann er verlieren? Schummelt er gern? Spielt er fair? Hat er Ausdauer? Geht er über Leichen?

Bill und ich hatten das Glück, dass wir beide von zu Hause aus mit Spielen groß geworden sind, und so haben wir von Anfang an immer irgendetwas gespielt: von Schach über „Mensch ärgere Dich nicht" bis hin zu Monopoly und Börsenspiel. Viele kleine und große Puzzles haben wir bewältigt sowie unendliche Kartenspiele von Skat bis Doppelkopf gespielt – ja, eigentlich alles, was uns unter die Finger kam. Unser großer Traum war es früher einmal, Bridge zu lernen. Später haben wir zwar zwei Kurse besucht, aber seltsamerweise haben wir an diesem Spiel beide keinen Spaß gefunden. Vielleicht war das eines der Dinge, bei dem wir zu schnell aufgegeben und zu wenig Geduld investiert haben?

Spielen tun wir noch immer. Wenn nichts Wichtigeres anliegt, machen wir fast jeden Morgen nach dem Frühstück immer „erst mal ein Spielchen" – und sorgen so dafür, dass jeder Tag fröhlich beginnt. Vergiss nicht, wir sind Rentner. Als wir noch gearbeitet haben, herrschte natürlich eine ganz andere Disziplin. Nun aber können wir uns diesen Zeit-Luxus leisten und genießen ihn. Wir spielen bei diesem Kartenspiel sogar auch um Geld. Nicht um große Beträge, meist kommen monatlich so zwischen 5 und 50 Euro zusammen. Wir haben gemeinsame Kasse, insofern ist um Geld zu spielen etwas schizophren, aber wir machen es, um dem Spiel ein bisschen mehr Pfiff und Anreiz zu geben. Das erspielte Geld kommt in einen Topf. Zusätzlich sammeln wir meist das Silbergeld aus unseren Portemonnaies und/oder Mantel- und Hosentaschen. Meist alle zwei Jahre plündern wir unsere Spielkasse und haben gemeinsam viel Freude daran, uns einen Extrawunsch zu erfüllen oder uns eine Reise zu leisten, die wir sonst eher nicht antreten könnten.

Hobbys, Vereine und Computer

Hobbys zu haben ist gut und wichtig. Sich nur mit seinem Hobby zu beschäftigen und den Partner dabei zu vernachlässigen, ist schlecht.

Ich liebe zum Beispiel meinen PC. Viel Zeit verbringe ich damit, nach E-Mails zu schauen oder sie zu schreiben, Glückwunschkarten zu entwerfen und/oder Fotos zu bearbeiten. Ich achte aber auch immer wieder auf regelmäßige Pausen, in denen ich mit meinem Mann ein Kartenspiel mache, ein Gespräch führe, eine Tasse Tee trinke, mit ihm einen Spaziergang oder eine kleine Fahrradtour mache. Eine Pause am PC ist für die Gesundheit sowieso besser, vor allem ist es aber wichtig, dass Du nicht ständig vom Partner entfernt tätig bist, sondern ihm immer wieder zeigst: „Ich bin auch für *Dich* da, ich habe Dich nicht vergessen." Wenn beide PCs lieben, kann es sinnvoll sein, sich einen zweiten PC oder einen Laptop anzuschaffen. Es geht allerdings auch anders: Freunde von uns hatten den Luxus, zwei PCs zu besitzen, einer davon wurde aber später aus Platzmangel wieder abgeschafft. Sie haben (mehr oder weniger) feste Termine, wer wann an den PC darf. Bis jetzt habe ich noch nicht gehört, dass es darüber bei ihnen je Streit gegeben hat. Das heißt, mit Organisation und etwas gutem Willen kann eine Debatte über die Nutzung auch vermieden werden.

Bill liest sehr viel. In den Anfangsjahren unserer Ehe habe ich ihm die Zeit dazu nur dann gegönnt, wenn ich selbst lesen wollte. Es war schlimm für ihn, dass ich ihn dauernd davon abhielt. Heute verzichtet er auch mal „ohne Stöhnen" auf sein gerade so spannendes Buch. Er fühlt sich jetzt nicht mehr so stark von mir beschnitten. Er weiß, wenn ich ihn unterbreche, dann ist es für mich wichtig. Mein Mann hat heute das Vertrauen und die Gewissheit, seiner liebsten Freizeitbeschäftigung, dem Lesen, nachgehen zu können.

Wir kennen eine Familie, dort ist der Mann in einem Sportverein; jeden Donnerstag geht er dorthin. Früher ist die Frau mitgegangen, aber ihr waren die Leute zu „doof". Nun hat sie seit mehr als zwanzig Jahren jeden Donnerstag supermiese Laune, weil er wieder zu seinem Verein geht. Er will darauf nicht verzichten, hat aber ständig ein schlechtes Gewissen. Ist das nicht eine unerträgliche Situation? Warum reden diese Menschen nicht miteinander? Sind sie nicht beide um eine Einigung bemüht? Da lassen sich doch Lösungen finden! Warum nimmt sie nicht ein wenig an seinem Vereinsleben teil? Warum sucht sie sich nicht irgendetwas Tolles, was ihr an diesem Donnerstag Spaß macht und sie erfüllt? Warum motiviert er sie nicht dazu?

Es ist weder notwendig, dass Du das Hobby Deines Partners teilst, noch musst Du es ständig mit ihm zusammen ausüben. Allerdings – auch wenn es manchmal etwas Mühe und Überwindung kostet – solltest Du Dich schon ein wenig dafür interessieren. Ignorierst Du das Hobby Deines Partners total und hast Du ständig die Hasskappe auf, wenn er diesem nachgeht, dann schafft das Entfremdung, schlechte Laune und Streit: Bei dem einen, weil er seinem Hobby nur mit schlechtem Gewissen nachgehen kann, bei dem anderen, weil er sich „mal wieder" alleingelassen fühlt.

Selbst wenn beide verschiedene Hobbys haben, die sie sehr stark ausfüllen, sollten diese niemals einen größeren Teil als die Partnerschaft selbst einnehmen, und es muss immer wieder Interesse an dem Hobby des anderen gezeigt werden. Interesse daran demonstriert einfach: „Ich interessiere mich für *Dich*!"

Urlaub

Wenn wir es uns in der heutigen Zeit überhaupt noch leisten können, so freuen wir uns doch alle sehr auf den Urlaub jedes Jahr. Zwei, drei oder mehr Wochen ohne Arbeit, einfach nur relaxen – und alle erwarten wir, dass wir dabei auf Wolke sieben schweben, dass es traumhaft wird und Friede, Freude, Eierkuchen herrscht.

Warum nur geht das in so vielen Fällen nicht in Erfüllung? Im Gegenteil, wie oft wird gerade dann so viel gestritten? Das gleiche Symptom tritt Weihnachten auf, beim Fest der Liebe und Besinnung, bei dem es auch oft in einem zänkischen Chaos endet.

Bis es endlich so weit ist, dass Du losfahren kannst, sind tausend Dinge zu erledigen. Das kostet Zeit und bedeutet Stress. Ich glaube, wenn dieser Urlaub dann letztendlich beginnt, will jeder „seine Belohnung" haben für das stressige Jahr, jeder will endlich etwas „bekommen"; allerdings – und da liegt die Fehleinschätzung – möchte jeder das umsonst serviert bekommen und selbst recht wenig dazu beitragen.

Ich gebe Dir den Rat, plane den Urlaub etwas gründlicher mit Deinem Partner. Erledige nicht alles auf den letzten Drücker. Mache Dir eine Liste mit allen zu packenden und zu erledigenden Dingen. So mancher, der mich kennt, wird jetzt sagen: „Ja, ja, Anke – Du und Deine Listen!" Ich bin oft deswegen schon belächelt worden, aber oft genug blickten gerade diese Menschen neidisch darauf, wie reibungslos und entspannt wir dann in den Urlaub losfuhren. Ich habe eine Liste für den Sri-Lanka-Ayurveda-Urlaub, ich habe eine für den Camping-Urlaub in Frankreich, ich habe eine, wenn wir zu unserer Tochter fahren, oder mache eine neue, wenn eine neue Fahrt anliegt. Vielleicht ist das nicht Dein Ding, aber diese Listen helfen mir, dass ich im Eifer des Gefechts fast nie mehr irgendetwas vergesse (das allein macht alles stressfreier), und außerdem ist es ein schönes Gefühl, auf dieser Liste alles bereits Erledigte abzuhaken. Dadurch sehe ich, was alles schon erledigt ist und wie der Urlaubsbeginn immer näher rückt. Schon Tage vorher (ich muss gestehen, ich mache es auch schon manchmal Wochen vorher) kannst Du die Dinge, die Du mitnehmen willst, schon zusammensuchen und irgendwo stapeln. Sie liegen dann schon bereit, abgehakt auf der Liste – und das Finale des Kofferpackens ist nur noch ein Klacks.

Im Urlaub selbst möchtest Du vielleicht vollkommen Deine Ruhe haben und ihn ganz allein mit Deinem Partner genießen. Alles in Ordnung. Vergiss dabei dennoch nicht, Deinen Miturlaubern nett und freundlich zu begegnen. Gönne ihnen ein freundliches „Guten Tag", wenn Du sie triffst, und wechsle vielleicht auch ein paar Worte. Das kostet wenig und es hebt die Stimmung (für die anderen, aber auch für Dich – Du wirst sehen). Ich finde es so schlimm, wenn Du Dich ständig nur in dieser großen Anonymität bewegst, und jeder nur das Bestreben demonstriert „Du neben mir, Du gehst mich nichts an, und bitte lass mich auch zufrieden". Wie wohltuend Freundlichkeit sein kann ohne auch nur den Hauch der Aufdringlichkeit, haben wir in Sri Lanka erlebt, besonders weil mit der stets freundlichen Begrüßung immer ein bezauberndes Lächeln einhergeht. Wenn wir von dort zurück in Frankfurt am Flughafen ankommen, sind wir jedes Mal total geschockt, wie unfreundlich, verdrießlich und ohne Lächeln wir die Menschen hier dann wahrnehmen.

Früher haben wir so gut wie nie Leute kennen gelernt im Urlaub, so sehr ich mir das auch gewünscht hatte. Heute weiß ich, dass meine Haltung und meine Ausstrahlung absolut nicht dazu eingeladen haben, dass man mit mir Kontakt aufnehmen wollte. Ich habe Kälte ausgestrahlt, vielleicht sogar ein bisschen Hochnäsigkeit. Heute kann ich sagen, dass wir oft angesprochen werden im Urlaub und ebenso auf gute Resonanz stoßen, wenn wir den ersten Schritt wagen.

Wir haben viele Jahre lang Camping-Urlaub gemacht. Dort auch: Früher standen wir da, und keiner half uns. Inzwischen sind wir kaum auf dem Platz angekommen, da bieten sie uns von allen Seiten ihre Hilfe an. Es klingt absurd, aber das ist die Realität.

Wenn Deine Ausstrahlung stimmt, wenn Du Dich öffnest und vor allem stets ein Lächeln auf Dein Gesicht zauberst – dann werden sich die Menschen auch Dir zuwenden.

Du musst natürlich nun nicht mit jedem, der Kontakt zu Dir sucht, diesen auch den ganzen Urlaub über pflegen. Du kannst es Dir aussuchen, was Du tun willst. Niemand wird es Dir übel nehmen, wenn Du zu Vorschlägen auch mal „Nein" sagst. Übel genommen wird es Dir nur, wenn Du es mürrisch, hochnäsig oder laut sagst. Klare, höfliche Ansagen werden auch als solche entgegengenommen.

Etwas sehr Wichtiges sind auch die verschiedenen Vorstellungen und Wünsche, die verschiedene Partner an ihren Urlaub knüpfen. Sprich darüber mit Deinem Partner, und zwar nicht fordernd und bestimmend, sondern wahrlich einen Kompromiss suchend. Bill und ich machen gern Strandurlaub; ich laufe gern am Strand entlang, immer wieder aufs Neue, während er stundenlang in der Sonne schmoren kann, ohne sich auch nur einen Zentimeter zu bewegen. Selbst ein Bad im Meer ist für seine Begriffe schon zu viel verlangt. Allein diese Kleinigkeit hat zu unzähligen Streitgesprächen geführt. „Nun geh doch mal mit mir spazieren!" „Immer liegst Du da nur faul rum!" „Da kann ich ja auch allein Urlaub machen!" Von ihm kamen dann die Antworten „Nun lass mich doch einmal in Ruhe – ich denke, wir sind im Urlaub!" und „Warum kannst Du nicht alleine laufen?!".

Damit kommen wir auf den Punkt. Wir müssen verstehen lernen, was der andere fühlt, möchte und sich vorstellt. Wenn das richtig klar ist, kannst Du Vereinbarungen treffen. Bei uns ist es so geregelt worden, dass ich sehr häufig allein (oder mit Freunden) ohne zu murren am Strand gelaufen bin, er aber im Gegenzug mindestens einmal am Tag *gerne* mit mir gelaufen ist und/oder mir auf halbem Weg entgegenkam. Mit dieser Regelung konnten wir beide immer gut leben.

Was das Thema des Urlaubsortes angeht, so wäre denkbar, dass von Urlaub zu Urlaub immer umschichtig entschieden wird, oder aber Du einigst Dich mit Deinem Partner darauf, den halben Urlaub an der See, die andere Hälfte in den Bergen zu verbringen. Es muss nicht immer alles ganz exakt aufgeteilt werden, mal werden mehr die Wünsche des einen, mal mehr die des anderen erfüllt. Aber über die Jahre sollte schon die Waagschale so ungefähr ausgeglichen sein.

Also auch im Urlaub gilt wie in allen anderen Lebenslagen: Wie Du in den Wald hineinrufst, so schallt es wirklich fast immer heraus! Außerdem versuche, Deine Wünsche mit denen Deines Partners vorher abzustimmen, damit es keine unangenehmen Überraschungen und vor allem keine langen Diskussionen gibt.

Während des Urlaubs ist es wichtig, Dein Augenmerk nicht nur auf Deine eigenen Wünsche zu richten, sondern immer auch einen Blick zu haben für das, was Dein Partner gerne tun möchte. Das schafft Harmonie und Zufriedenheit für beide, und von diesen positiven Aus- wirkungen einer ausgeglichenen Atmosphäre im Urlaub werdet Ihr später zu Hause im Alltag profitieren.

Weihnachten

Wie im vorherigen Kapitel beim Urlaub beschrieben verhält es sich ähnlich beim Weihnachtsfest. Alle träumen von einem ganz besonders schönen und harmonischen Ereignis, aber das Ergebnis ist dann oft alles andere als das.

Weihnachten bedeutet oft viele freie Tage, das heißt, Mammuteinkäufe und Essensplanungen sind angesagt sowie – um die für viele als Hauptsache angesehene Tatsache zu nennen – die Geschenke müssen geklärt werden. Wer bekommt was? Wie viel wollen wir ausgeben? Hatten wir Oma X nicht letztes Jahr schon eine Strickjacke geschenkt? Wenn wir dem Kind A ein Fahrrad schenken, können wir Kind B nicht mit einem Buch abfinden! Bei Onkel Y fällt mir ja gar nichts ein! Es ist ja auch *Dein* Onkel, also lass *Dir* doch mal was einfallen ... – und so ganz allmählich wird der Ton schärfer und aggressiver. Jeder fühlt sich genervt, gestresst und überfordert. Und das, obwohl „eigentlich" alles so schön sein sollte und wir uns doch alle so sehr darauf gefreut hatten.

Auch ich machte da früher keine Ausnahme. Mir war das ganze Drum und Dran immer wichtiger als Bill, also musste ich mich auch darum kümmern. Theoretisch sah ich das auch ein, praktisch schmetterte ich ihm ständig meine Vorwürfe darüber entgegen, dass er sich „mal wieder" scheinbar über nichts Gedanken machte und sich um rein gar nichts kümmerte. Wenn ich ehrlich bin, erledigte er selbst unglaublich viel und ging mir darüber hinaus noch zur Hand. Er machte den ganzen Einkauf, er half mir beim Saubermachen, er bastelte den Weihnachtsbaum in den Fuß. Wenn ich selbst aber keinen Plan hatte und nicht wusste, womit ich zuerst anfangen sollte – ja, dann war ich eben sauer, und er bekam seinen Senf ab. Ich war jenseits davon, noch irgendwelche objektive Kritik loszuwerden, und schon gar nicht konnte ich eine solche annehmen. Es ist damals mehrmals vorgekommen, dass ich vor, an und nach Weihnachten voller Inbrunst geseufzt habe: „Hoffentlich ist das neue Jahr bald da, dann kann ich wieder in Ruhe arbeiten gehen – dieser Stress ist ja nicht auszuhalten. Und dauernd dieser Streit!" (Mit vorwurfsvollem Blick Richtung Bill natürlich!)

Wir hatten auch viele, sehr viele, wirklich tolle, harmonische Weihnachten. Irgendwann haben wir zusammen überlegt, woran es wohl lag, dass es das eine Mal so völlig problemlos lief und an anderen Festtagen Chaos pur angesagt war.

Einmal liegt es selbstverständlich daran, dass Du manchmal gute Tage hast, an denen alles nur so flutscht, und an anderen Tagen stehst Du Dir selbst im Weg. Aber das meine ich nicht. Wir sind zu einer grundsätzlichen Lösung gekommen: die Planung.

Zunächst einmal die Geschenke. Ich habe irgendwo eine Liste liegen (wieder mal eine meiner „berühmten" Listen), dort trage ich immer ein, wenn mir ein Geschenk für jemanden einfällt – zu Geburtstagen oder zu Weihnachten. Auf diese Weise sind bis zu dem Tag X schon viele Geschenkideen parat. Vor allem kaufe ich diese Geschenke möglichst alle ganz rechtzeitig. Bis auf Kleinigkeiten habe ich in so manchem Jahr bereits Anfang Dezember alle Geschenke fein säuberlich verpackt. Mein Gehirn ist somit frei für all die anderen Arbeiten, die zu erledigen sind – um die Geschenke muss ich mir dann keinen einzigen Gedanken mehr machen.

Zum anderen mache ich rechtzeitig Pläne, was wir wann essen wollen, und fertige die Einkaufslisten an; gehe rechtzeitig auf den Boden und suche alle Weihnachtssachen zusammen.

Für viele ist bereits die „Aufteilung der Weihnachtstage" eine große Hürde. Zum einen sind da *seine* und zum anderen *ihre* Eltern. Zusätzlich besteht der Wunsch nach einer Zweisamkeit bzw. eigener Familienzeit. Besonders problematisch ist es, wenn die Familien entfernungsmäßig weit auseinander liegen. Um nicht die halbe Zeit irgendwo unterwegs zu sein, ist es eine gute Lösung, die Besuche von Jahr zu Jahr abzuwechseln, das heißt, ein Jahr bei ihren und ein Jahr bei seinen Eltern zu feiern. Mit den jeweils anderen Elternteilen könntet Ihr das Weihnachtsfest einfach eine Woche vorverlegen. Wollt Ihr beide Eltern integrieren, muss das Fest bei den Kindern stattfinden und alle werden eingeladen. Das kann jedoch auch leicht zu einer „Massen"-Veranstaltung werden, wenn noch unzählige Geschwister plus Partner involviert sind.

Obwohl mein Mann Engländer ist und man dort Weihnachten am 1. Weihnachtstag feiert, machen wir es wie in Deutschland üblich am Abend des 24sten. Früher musste der Baum morgens geschmückt, das Essen vorbereitet, die letzten Einkäufe gemacht und die Geschenke eingepackt werden. Heute nicht mehr! Am 23. Dezember schmücken wir bereits den Baum. Alles ist dann am Vorabend erledigt. Als die Kinder noch zu Hause waren, durften sie ab diesem Zeitpunkt nicht mehr ins Wohnzimmer kommen.

Du glaubst gar nicht, wie erholsam das ist. Abends sitzen Bill und ich dann immer schon völlig relaxt und zufrieden zusammen und können die Stunden miteinander genießen, voller Vorfreude auf ein schönes Weihnachtsfest mit der Familie. Keine Hektik mehr, keine stressigen Last-Minute-Aktivitäten.

Am Heiligabend müssen wir morgens auch nicht superfrüh aufstehen, denn es ist „nur" noch das Essen für abends, um das wir uns zu kümmern haben. Seit Jahr und Tag gibt es immer am Heiligabend einen bestimmten Salat, der zwar etwas Mühe erfordert, aber nicht so viel, als dass die Zubereitung ein großes Problem darstellte.

Ein anderer Streitpunkt war in den ersten Jahren immer wieder aufs Neue die „angemessene" Kleidung. Ich trug meist ein langes Kleid oder einen langen Rock mit festlicher Bluse. Für die beiden Mädchen erträumte ich mir wenigstens zu Weihnachten einmal eine „mädchenhafte" Kleidung. Deshalb kaufte ich Kleider für sie (der Kauf allein war schon Stress), und der arme Bill musste sich, ob er wollte oder nicht, in eine schwarze Hose zwängen. Dass ich ihm erlaubte, ohne Krawatte herumzulaufen, war das Höchstmaß an Großzügigkeit meinerseits. An einem Weihnachten hatte ich mächtig zu schlucken an dem Preis für zwei Kleidchen, gegen die die Kinder sich total gesträubt hatten, aber ich fand sie so süß. Als ich unsere Kleinen darin sah, war ich glücklich und absolut zufrieden, der Preis war vergessen. Und dann hörte ich am Heiligabend nichts als Meckerei! Bill stöhnte: „Warum kann ich nicht Jeans anziehen?" Und die Kinder schlugen sofort in die gleiche Kerbe. An diesem Weihnachten ist mir der Kragen geplatzt, und es gab mächtig Streit.

Im Laufe des Abends haben wir uns wieder beruhigt. Es gelang uns, dieses „Problem" einmal ruhig und ernsthaft zu diskutieren. Herausgekommen ist ein Kompromiss, mit dem mein Mann und die Kinder (es stand ja bei der Abstimmung immerhin 3 : 1) zufrieden waren, und ich konnte letztendlich auch damit leben. Ich war damit sogar zufriedener, als ich es bei Beginn zugegeben hätte. Eine Diskussion über eine „angemessene" Kleidung gab es seit diesem Tag in unserem Haus nicht mehr. Mama (ich) trug fortan Abendkleid oder Ähnliches, die übrige Familie kleidete sich salopp. Das Abendkleid habe ich inzwischen ad acta gelegt, dafür trägt Bill mir zuliebe auch mal eine andere Hose als Jeans – aber wie gesagt, es ist halt kein Thema mehr.

Als die Kinder nicht mehr zu Hause wohnten, war es immer so, dass der Heilige Abend bei uns stattfand. Das hat sich erst jetzt geändert, seitdem wir Enkelkinder haben. Nun hat sich alles zur Familie unserer jüngsten Tochter verlagert. In den ersten Jahren gab es ab und an den Streitpunkt darüber, um welche Uhrzeit wir anfangen wollten. Aber egal, was wir abgemacht hatten, unsere Kinder waren selten pünktlich, und immer war alles etwas hektisch. Danach haben wir es so beschlossen: Ab 16.30 Uhr ist Treffen; kein Stress, keine Hektik – jeder kommt, wenn er fertig ist. Wenn alle eingetroffen sind, essen wir in aller Ruhe. Erst dann machen wir die Bescherung, die oft bis in den späten Abend dauert.

Meine Mutter hätte es für unmöglich gehalten, „fremde" Leute am Heiligabend im Haus zu haben. Auch Bill und ich mussten zunächst tüchtig schlucken, als an irgendeinem Weihnachten eines der Kinder plötzlich sagte: „Übrigens, zwei Freunde von uns (wir kannten sie) kommen nachher noch vorbei, wenn sie bei ihren Eltern fertig sind. Das ist doch okay, oder?" Wir fanden es mehr als seltsam, aber akzeptierten es. Der Gedanke war für uns zunächst ungewohnt. Es war ein wunderschönes Weihnachten, und wir haben alle zusammen viel Spaß gehabt. Im Laufe der Jahre nahm die Zahl der „fremden" Besucher zu. Zu den besten Zeiten hatten wir 6–8 zusätzliche junge Leute bei uns zu Gast. Sie alle kamen direkt von ihren „Pflichtbesuchen" bei ihren Eltern zu uns, um – wie sie sich ausdrückten – „zum gemütlichen Teil des Weihnachtsfestes überzugehen"! Ich selbst hätte große Probleme damit gehabt, wenn unsere Kinder von uns weg zu anderen Leuten gegangen wären am Heiligabend. Für uns war es ein Riesenkompliment, dass diese jungen Leute lieber bei uns den restlichen Abend verbrachten als bei ihren Eltern.

Anschließend war Disko-Besuch angesagt. Das erste Mal war dies wiederum etwas, was für uns schwer nachzuvollziehen war. Später wurde es zu einer ganz normalen Angelegenheit. Oftmals war die Atmosphäre bei uns so gemütlich und die Zeit so weit fortgeschritten, dass selbst die jungen Leute kein Bedürfnis nach Disko mehr verspürten. Überhaupt wurde ein Besuch dort nur geplant, wenn wir als Eltern müde waren; nie kamen sie auf die Idee, uns allein zurückzulassen. Erst wenn wir signalisierten, dass es für uns an der Zeit wäre, nun endlich ins Bett zu gehen, erst dann fiel die Entscheidung pro oder kontra Disko. Meist kam dieser Zeitpunkt erst so gegen 2 Uhr morgens. Sicher wird das immer eine sehr schöne Erinnerung für uns bleiben.

Ich habe mich oft gefragt, was haben die jungen Leute davon, bei uns Alten zu sein? Was haben wir, was ihre eigenen Eltern ihnen nicht bieten können? Natürlich haben wir das auch hinterfragt. Ich glaube, es ist schnell auf einen Punkt zu bringen: Wir haben sie ernst genommen, wir haben ihnen zugehört, und wir haben nie versucht, ihnen irgendwelche Verhaltensmaßregeln zu geben. Wir haben sie auf „gleicher Ebene" getroffen und niemals von oben herab behandelt.

Eine Freundin von mir war schon jahrelang verheiratet, und Weihnachten lief bei ihnen ähnlich ab, wie sie es von zu Hause gewohnt war. Eines Tages kam plötzlich die Bemerkung von ihrem Mann, und das auch sehr vorwurfsvoll: „Wieso feiern wir Weihnachten immer, wie *Du* es kennst? Warum muss alles immer nach *Deinen* Vorstellungen laufen?" Im ersten Moment war sie völlig perplex, denn all die Jahre zuvor hatte er es begrüßt, dass sie alles in die Hand nahm, sie alles plante und sie alles bestimmte. Mit dieser Meinung hielt sie auch nicht hinter dem Berg und drückte es ihm gegenüber so aus, dass er jetzt wohl spinnen würde und was denn wohl plötzlich in ihn gefahren sei.

Dieses Ehepaar ist heute nicht mehr zusammen, aber was war da geschehen? Ging es darum, wie Weihnachten zu feiern ist und wer es zu organisieren hat? Ich glaube eher nicht. Vielmehr hat der Mann wohl immer mehr das Gefühl bekommen, dass er und seine Belange nicht genügend wahrgenommen wurden. Es wäre sicher besser und sinnvoller gewesen, wenn meine Freundin nicht mit Gegenvorwürfen gekommen wäre, sondern ihn einmal gefragt hätte, was er denn vermisst an „ihrem" Weihnachten. Sie hätte auf ihn eingehen sollen: „Erzähle mir von Eurem Weihnachten früher. Was war Dir wichtig? Was fehlt Dir hier bei uns? Wie können wir meine und Deine Vorstellungen von Weihnachten unter einen Hut bringen?" Usw., usw.

Bezeichnend an dieser Geschichte ist übrigens, dass dieser Mann nach der Scheidung und in der Verbindung mit seiner neuen Freundin genau diese ihm von zu Hause her unbekannte Art Weihnachten zu feiern haargenau übernommen hat. Das zeigt doch noch einmal ganz deutlich, dass es nicht wirklich um die Art des Feierns ging, sondern es war ein ganz klares Signal: „Ich will auch gehört und nicht übergangen werden!"

Ein harmonisches Fest gelingt besser, wenn Du rechtzeitig die notwendigen Dinge planst. Du darfst Deine Erwartungen an Harmonie nicht zu hoch schrauben. Horche lieber in Deine Wünsche hinein, und verschließe Deine Ohren nicht für die Vorstellungen, die Dein Partner diesbezüglich hat.

Fernsehen

Bei unserer jüngsten Tochter gibt es im Haus ihrer Familie gar keinen Fernseher. Obwohl ich meine, dass die meisten Menschen viel zu viel TV konsumieren, wäre mir dieser Schritt zu radikal. Es ist allerdings nicht von der Hand zu weisen, dass ein Fernseher bzw. das ausgestrahlte Programm schon das eine oder andere Mal zu Auseinandersetzungen führen kann.

Egal, was es gibt im Fernsehen, und egal, wie gern Du eine Sendung sehen möchtest (selbst wenn Du nicht die Möglichkeit hast, sie per Video, DVD-Recorder oder Festplatte für später aufzunehmen), vergiss bitte einfach nie: Fernsehen ist *niemals* so wichtig wie der Mensch, mit dem Du zusammenlebst. Die Bewertung darf zu keiner Zeit diese Reihenfolge einnehmen. Wenn ein Problem ansteht, etwas einer Klärung bedarf oder Dein Partner Deine Aufmerksamkeit braucht und Dir dieses signalisiert, muss der Fernseher ausbleiben.

Eine ähnliche Regel, die zwar nicht unmittelbar die Partnerschaft beeinflusst, aber die sehr strikt in unserem Hause eingehalten wird: Wann immer Besuch kommt, bleibt der Fernseher grundsätzlich aus. Ein Mensch kommt, die Maschine wird dadurch zweitrangig! Es gibt einige Familien, bei denen ich es oft erlebt habe, dass das Fernsehprogramm einfach weiterlief, und meist noch bei voller Lautstärke, wenn ich sie besucht habe. Ich weiß nicht, wie es Dir dabei geht, aber mich beschleicht dann immer dieses Gefühl, nicht willkommen, sondern ein Störenfried zu sein. Meist fühle ich mich derart „im falschen Film", dass ich nach einer Gelegenheit suche, mich möglichst schnell wieder zu verabschieden.

Liegt nichts Spezielles an und Du möchtest Dir einen gemütlichen Fernsehabend gönnen, ist es notwendig, sich vorher über das Programm zu einigen. In der heutigen Zeit ist das Angebot groß. Wer will welches Programm gucken? Liebst Du Krimis oder sind Naturfilme eher Dein Genre? Sind die Interessen in der Partnerschaft gleich oder eher unterschiedlich?

Versuche, rechtzeitig die Programme zu studieren. Wenn der eine sich sooo auf das Fußballspiel gefreut hat, der andere schon voller Erwartung „seinem" Spielfilm entgegenfieberte, dann ist Streit sicher vorprogrammiert, wenn Ihr erst fünf Minuten vor Beginn der Sendungen anfangt, darüber zu diskutieren.

Wenn zum Beispiel sein geliebter Fußballverein spielt oder die Sportschau läuft – all das, was ihm so ganz besonders wichtig ist –, musst Du zu der Zeit nicht unbedingt einen Spielfilm oder eine Talkshow auf dem gleichen Fernsehgerät anschauen. Umgekehrt gilt das natürlich genauso. Wenn er weiß, wie wichtig Dir die Talkshow ist, muss seine Sportschau nicht ständig Priorität haben. Es gibt immer Möglichkeiten, sich zu einigen.

Ein zweiter Fernseher in einem anderen Zimmer kann eine Möglichkeit sein, soll aber nach meiner Auffassung nur als absolute Notlösung genutzt werden. Ansonsten endet Ihr eines Tages dabei, dass jeder abends in „sein" Zimmer zu „seinem" Fernseher verschwindet. Wir kennen solche Familien. Letztendlich fehlt es in solchen Partnerschaften irgendwann völlig an sprachlichem Austausch. Es geht so weit, dass sie nicht einmal mehr über eine Fernsehsendung miteinander diskutieren. Früher oder später leben sie meist in allen anderen Bereichen auch nur noch nebeneinander her.

Gerade was Fußball und/oder Sportschau angeht, hat sich eine Freundin von mir meiner Meinung nach eine phantastische Lösung einfallen lassen, die ich hier nur allzu gern als eine Möglichkeit anbringen möchte. Ihr Mann ist ein begeisterter Fußballer, schaut dementsprechend natürlich auch gern viele Spiele an und versäumt ungern die Sportschau. Meine Freundin hat dafür wenig übrig. Sie geht ab und zu ihm zuliebe mit zu seinen Fußballspielen, um eben „für ihn" mit dabei zu sein. Allerdings auch noch im Fernsehen Sport über sich ergehen zu lassen, ist für sie des Guten zu viel. Auf der anderen Seite gehört sie zu den Frauen, die es abgöttisch lieben und genießen, wenn man ihnen die Füße krault. Ihr Mann tut dies ab und zu ihr zuliebe als notwendige Pflichtübung, aber wahrlich nicht mit großer Begeisterung. Diese beiden haben sich dahingehend geeinigt, dass – wann immer er Sport schaut – sie sich zu ihm aufs Sofa kuschelt und liest, während er ihr die ganze Zeit die Füße krault. Ist das nicht eine Traumlösung?

Jeder bekommt das, was er so unglaublich gern haben möchte, jeder tut gleichzeitig etwas für den anderen, und für keinen bleibt der etwas bittere Beigeschmack, grenzenlos egoistisch gewesen zu sein.

Ein Verzicht auf „Deinen" Film, um damit Deinem Partner „seinen" Film zu gönnen, ist einfach von Zeit zu Zeit mal gut; wenn Du es praktizierst, wird auch Dein Partner bei nächster Gelegenheit Ähnliches für Dich tun. Natürlich immer vorausgesetzt, Ihr wollt beide die Atmosphäre verbessern und seid beide bemüht. Ist und bleibt einer von Euch der große Egoist, der jedes Mal eh nur alles dafür tut, seine eigenen Wünsche durchzusetzen und die seines Partners zu ignorieren – bei einer solchen Partnerschaft wird es bei allen Bemühungen keine Einigung geben (allerdings beschränken sich die Partnerschaftsprobleme dann wohl kaum auf die Wahl des Fernsehprogramms).

Letztendlich bleiben bei einer solchen Konstellation immer nur zwei Möglichkeiten: Die eine ist, Du nimmst alles hin, lässt Dich unterbuttern und bleibst immer derjenige, der des lieben Friedens willen nachgibt; die andere radikale Lösung ist, Dich von einem solchen Partner zu trennen.

Zurück zur Fernsehprogrammwahl. Es gilt, Kompromisse zu schaffen. Es ist schön, wenn Du es lernst, Dich auch für die Sendungen zu interessieren, die Dein Partner sich gerne anschaut – und es umgekehrt erreicht werden kann, dass Dein Partner Dir zuliebe Deine Sendungen mitguckt. Durch die unterschiedlichen Interessen können auch Gespräche entstehen. Indem Du mit Deinem Partner über die gemeinsam angeschauten Sendungen sprichst, erfährst Du ausführlicher seine Ansichten und lernst, Dein Gegenüber besser zu verstehen. Dosiertes und kontrolliertes Fernsehen kann also letztendlich einer Partnerschaft auch förderlich sein.

Allerdings würde ich nach wie vor so weit gehen und sagen, dass es gilt, Fernsehen nicht so bzw. nicht zu wichtig zu nehmen. Es ist bei vielen leider auch nur ein Mittel, sich berieseln zu lassen und damit unbewusst den anstehenden Problemen aus dem Weg zu gehen. So nach dem Motto: „Wenn wir fernsehen, können wir nicht streiten." Außerdem haben viele Menschen es verlernt, überhaupt etwas miteinander anzufangen. Der Knopf des Fernsehers „löst" diese Entscheidung, ohne dass Du noch weiter darüber nachdenken musst, was Ihr abends unternehmen wollt. Hinzu kommt, so schrecklich es auch klingt, dass das Fernsehen oft dazu dient, eine gewisse Langeweile, die sich in der Partnerschaft breitgemacht hat, zu übertünchen.

Ich selbst hatte lange Zeit „meine Soaps", die ich *unbedingt* schauen musste; oft genug habe ich diese sogar aufgenommen, damit ich ja keine Folge verpasste. Im Nachhinein habe ich festgestellt, dass der Konsum dieser Sendungen und damit die Wichtigkeit für mich immer mehr abnahm, je mehr sich unsere Partnerschaft verbesserte. Auch unsere jüngste Tochter, die jetzt keinen Fernseher mehr hat, ist ein gutes Beispiel. Sie war eine richtige „Fernsehschnitte", sie liebte ihr Fernsehprogramm und schaute sich zig Sendungen an. Als sie zu ihrem jetzigen Mann zog, der keinen Fernseher in seinem Hause haben wollte, war das zunächst ein ziemliches Problem für sie. Heute hat sie ein Leben, das sie in jeglicher Hinsicht total ausfüllt; ein Leben, in dem Fernsehen/Film ganz, ganz hinten ansteht.

Also: Fernsehen zur Entspannung ja, aber dosiert, mit Verstand ausgewählt und den Partner mit einschließend. Fernsehen als Mittel zum Totschweigen der Probleme endet in einer Sackgasse!

Autofahren

„Die Ampel war schon fast ROT!" „Nimm das Gas weg!" „Kannst Du bitte mal endlich den dritten Gang nehmen!" *„BREMSEN!"* Wenn Du zu den Menschen gehörst, die so oder ähnlich ständig während der Autofahrt an ihrem Partner herummeckern, solltest Du Deine Bemerkungen bitte einmal überdenken. Diese Äußerungen tragen nicht dazu bei, das Fahrverhalten zu verbessern. Im Gegenteil: Sie nerven den Fahrer, verunsichern ihn und verursachen letztendlich auf beiden Seiten nur schlechte Laune. Wenn Du etwas Grundsätzliches am Fahrstil Deines Partners zu bemängeln hast, teile es ihm mit, aber suche Dir dafür einen guten Zeitpunkt aus. Erkläre es sachlich und mit ruhiger Stimme, und zwar ohne diesen unterschwelligen vorwurfsvollen Ton. Nur dann kommt es an!

Ansonsten vermeide einfach diese Art von negativen Kommentaren. Mache Dir bewusst, dass Du selbst beim Fahren auch nicht angeblafft werden möchtest. Umgekehrt, wenn Du einen solchen Meckerpott ständig neben Dir auf dem Beifahrersitz hast, nimm Dir ebenfalls einen ruhigen Moment und bitte ihn inständig, es zu unterlassen – aber auch das immer schön ruhig und ohne Befehlston! Wünsche es Dir zum Geburtstag!

Jeder hat einen etwas anderen Fahrstil, und wenn es sich nicht gerade um etwas Gravierendes und Sicherheitsgefährdendes handelt, lasse Deinen Partner bitte so fahren, wie er es möchte. Allerdings hat die gegenseitige Toleranz (zumindest für mich) auch Grenzen. Wenn beispielsweise ein Fahrer gern mit hundertachtzig Sachen wie ein Wilder durch die Gegend fährt, dann ist es seine Sache. Hat er aber einen Partner mit im Auto, der dies so gar nicht aushalten kann, erwarte ich, dass er darauf Rücksicht nimmt und das Tempo drosselt. Eine Bekannte von mir hat so einen Mann, der diese Rücksicht nicht walten ließ. Als er wieder einmal so schnell fuhr, ließ sie ihn anhalten und machte deutlich: „Ich werde jetzt allein nach Hause gehen. Ich bin es leid. Es ist das letzte Mal, dass Du mit mir als Beifahrerin *so* Auto fährst." Sprach's und kehrte ihm den Rücken zu. Seitdem ist bei ihrem Partner sehr viel mehr Bemühung erkennbar!

Irgendwo in diesem Buch habe ich empfohlen, dass Ihr Euch beim Reden anschauen sollt, weil das mehr Nähe schafft. ABER BITTE NICHT BEIM AUTOFAHREN! Obwohl es so viele Menschen machen, ist es für mich eine Unsitte. Das gefährdet die Sicherheit! Wenn mich *mein* Partner während des Fahrens anschaut, wird das Gespräch dadurch nicht persönlicher, sondern es macht mich schlichtweg einfach nur nervös. Dies gehört zu den Dingen, die man sich im Laufe der Zeit angewöhnt und *schon immer so* gemacht hat. Wenn Du Deinem Partner helfen willst, dass er daran etwas verändern kann, musst Du es ihm öfter als einmal sagen – und zwar lieb! Habe dabei viel Geduld, da solche Gewohnheitsdinge schwer wieder abzulegen sind.

Mann fährt und Frau bestimmt anhand der Landkarten die Fahrtroute. Im Zeitalter der Navigationsgeräte verschwindet dieser „Streitpunkt" immer mehr. Wenn es bei Dir noch ein Thema ist und Ihr Euch deswegen des Öfteren die Köpfe heißredet: Begreife einfach, dass es Menschen gibt, denen das Kartenlesen schwerfällt. Punkt! Ich selbst gehöre auch zu denen, die eine Karte immer in Fahrtrichtung halten müssen, um links und rechts unterscheiden zu können. Ständig spitze Bemerkungen darüber, Anschreien oder Ähnliches bringen nicht die geringste Verbesserung. Du kannst versuchen, es dem Partner beizubringen, aber wenn Dir das nicht gelingt, bleibt nur Akzeptanz ohne Murren.

Habt Ihr ein Auto, das Ihr beide nutzt, kann es schon mal zu Engpässen kommen. Ich behaupte aber, das geschieht nur, wenn Ihr es nicht richtig plant und/oder Ihr sehr intolerant miteinander umgeht. Mit unseren Kindern haben wir es erlebt, dass es wirklich friedlich zu regeln ist. Nach ihrem Führerschein bekamen sie einen kleinen gebrauchten Fiat 500. In all den Jahren, in denen dieses Auto existierte und die beiden es sich teilen mussten, hat es nicht ein einziges Mal Streit darüber gegeben. Sie haben immer Mittel und Wege gefunden, sich zu arrangieren. Damals haben wir als Eltern das bewundernd und erleichtert registriert. Wenn die Kinder es konnten, sollte es auch für Dich und Deinen Partner machbar sein – oder?

Wenn der eine nur schwerlich einparken kann, dem anderen dies aber bis zur Perfektion gelingt, sollte nicht das Augenmerk darauf liegen, ständig auf diesem Nichtkönnen herumzuhacken. Benutze lieber Deine Energie für eine Lösung, wie aus dem „Schlecht"-Parker ein „Gut"-Parker zu machen ist. Fahre mit ihm zu einem Verkehrsübungsplatz. Zeige Geduld, denn sie ist dazu unbedingt erforderlich. Du kannst und musst sie lernen. Übe es! Eine ungesagte „blöde" Bemerkung bewirkt in diesem Fall oft schon Wunder und ist ein Anfang.

Es gibt so viele Themen, über die Du Dich beim Fahren unterhalten kannst. Lasst einfach die „Meckertüte" zu Hause, wenn Ihr das nächste Mal in ein Auto steigt. Eine fröhliche Atmosphäre macht eine Autofahrt in jedem Fall entspannter, sowohl für den Fahrer als auch für den Beifahrer.

Nehmt Rücksicht aufeinander!

Die Kleinigkeiten des alltäglichen Lebens

Wer kennt sie nicht, die Geschichte von der „falsch" zusammenge-drückten Zahnpastatube. Ich möchte nicht wissen, wie viele unsinnige Gespräche darüber in Partnerschaften geführt worden sind und noch geführt werden. Gott sei Dank sind heute die meisten Tuben auf dem Markt aus Plastik und nicht mehr aus Metall, sie formen sich nach Gebrauch von selbst zurück in die ursprüngliche Form. Bei uns war es jedenfalls in den ersten Jahren unserer Ehe ein Streitthema. Ich wollte diese verdammte Tube morgens und abends ordentlich und „vernünftig" aufgerollt sehen, während Bill sie bei fast jedem Gebrauch quer nahm und einfach wahllos draufdrückte und sie nach Gebrauch so zerdrückt dort liegen ließ. Die Lösung unserer verschie-denen Gewohnheiten war so einfach: Ich beschloss eines Tages, zwei Tuben zu kaufen – eine für mich und eine für meinen Mann. Und schon war der Streit für alle Zeit beendet. Ich tat mit meiner Tube, was ich wollte, und Bill tat das Gleiche mit seiner. Natürlich störte mich seine zerquetschte Tube noch etwas, aber damit konnte ich leben. Das Wichtige für mich war, glaube ich, dass er meine „ordentliche" Tube nicht mehr täglich verschandelte!

Wo wir gerade beim Badezimmer sind – wie steht es mit dem Klo-deckel? Bei dieser Geschichte war ich eher der „Buhmann". Ich vergaß häufig, ihn nach dem Gang zur Toilette zu schließen. Das wiederum brachte Bill in Rage. Seine Erklärung, warum er es einfach für unab-dingbar halte, nämlich, dass die Fliegen von dort Keime und damit Krankheiten verbreiten könnten, hatte mich überzeugt, und ich be-mühte mich. Heute ist das Schließen des Klodeckels auch für mich eine Selbstverständlichkeit, und ich rege mich auf, wenn andere Leute es nicht tun.

Zum Thema Toilette noch eine Sache: Gibt es in Deiner Partnerschaft noch den Stehpinkler? Wenn es so ist und es stört Dich nicht, so ist es kein Thema. Stört es Dich aber, schlage ich Dir folgende Regelung vor: Entweder Dein Partner ringt sich dazu durch, im Sitzen sein kleines

Geschäft zu erledigen, oder aber er muss die Säuberung der Toilette (plus bespritzter Umgebung) übernehmen. Allein die Aussicht, das Klo putzen zu müssen, hat schon aus manchem Stehpinkler einen Mann gemacht, der es dann durchaus „gern" im Sitzen tut.

Fast in jedem Haushalt heute befindet sich eine Spülmaschine. Vielleicht ist es bei Dir nicht so, aber bei uns und auch in vielen uns bekannten Haushalten gab oder gibt es immer wieder darüber Streit, wie welches Geschirr und/oder Besteck darin eingeräumt werden soll. Obwohl ich der ordentlichere Mensch von uns beiden bin, hatte ich in dieser Sache keinerlei Ordnungssinn; ich „schmiss" alles einfach dort in die Maschine, wo gerade Platz war. Bill dagegen hatte ein gewisses Ordnungssystem (weil sich dadurch zugegebenermaßen mehr unterbringen ließ), und besonderen Wert legte er darauf, jeweils die Messer, Gabeln, Löffel und Diverses in verschiedenen Behältern des Besteckkastens zu trennen, weil das wiederum das Ausräumen erleichterte. Immer wieder gab es Sticheleien, einmal von mir, einmal von seiner Seite – von „Sei doch bloß nicht immer so pingelig!" bis „Ist das wirklich zu viel verlangt, ein wenig Ordnung in der Maschine zu schaffen?". Ich weiß es nicht mehr genau, wann genau es sich letztendlich geändert hat, aber eines Tages hat Bill nicht mehr vorwurfsvoll mit mir gesprochen, sondern mich liebevoll gebeten, die Spülmaschine ordentlicher zu füllen. Er sagte, er wüsste, wie schwer es mir fiele, sagte aber auch, wie sehr es ihn freuen würde und ob ich es nicht ihm zuliebe bitte versuchen könne. Dieser Ton kam bei mir an, und von da an bemühte ich mich. Das wiederum erfreute ihn, und wenn ich danach mal wieder etwas „falsch" eingeräumt hatte, nahm er es einfach hin oder änderte es stillschweigend um, ohne mich mit irgendwelchen Kommentaren belehren zu wollen. Wieder ein zwar kleines Problemchen, das aber für alle Zeiten aus unserem Haushalt verschwunden ist.

Wie gesagt, ich bin der ordentlichere Mensch von uns beiden. Ich habe eher die Tendenz, alles gleich wegzuräumen und gleich an die richtige Stelle zu legen. Bill hat eher den Hang, etwas zunächst auf die Treppe zu legen, dann irgendwo oben auf dem Flur abzuladen und es dann in seinem Zimmer zwischenzulagern. Wenn ein Knopf von einem Kleidungsstück abgeht, legt er ihn irgendwo auf einen Schrank oder seinen Schreibtisch mit dem Gedanken „Das räume ich nachher weg!". Ebenso verfährt er mit in Hosentaschen gefundenen Büroklammern, Kugelschreibern, Feuerzeugen, Gummibändern, Schlüsseln, Zetteln usw. Irgendwann beim Saubermachen stolperte ich natürlich über diese im Zimmer verstreuten Dinge, und wenn es (für mich) zu viele waren, explodierte ich und ging die Wände hoch wie ein HB-Männchen. Ich hatte es ihm schon tausendmal gesagt, ihm tausendmal erklärt, wie wichtig es für mich war. Ich fände es zum Kotzen und hätte wirklich keine Lust mehr dazu usw., usw. Das Ganze endete dann wieder in einem bösen Streit. Ich war stinksauer, und er (um des lieben Friedens willen) räumte die Sachen widerwillig und maulend weg. Der Tag war gelaufen. Irgendwann habe ich begriffen, dass meine Ordnung unwiderruflich nicht seine Ordnung ist und ich mich abmühen kann bis zum Sankt-Nimmerleins-Tag – mein lieber Bill ändert sich diesbezüglich nicht. Er wird mir immer wieder versprechen, sich zu bemühen und es in Zukunft besser zu machen, aber es liegt so wenig in seiner Natur, dass schon nach sehr kurzer Zeit alles wieder so geschieht wie immer. Diese Erkenntnis und einiges Nachdenken brachte für mich dann die Lösung. Erstens warte ich nicht mehr, bis unendlich viele Dinge herumliegen; das heißt, ich versuche nicht, die ersten „Unordentlichkeiten" zu schlucken, noch mal zu schlucken und warte nicht, bis es unerträglich wird für mich, um dann zu explodieren. So alle paar Wochen lege ich die „gefundenen" Sachen als Stapel auf seinen Schreibtisch. Ich gehe zu ihm hin, umarme ihn liebevoll und sage ihm ohne vorwurfsvolle Stimme, dass ich wieder „ein kleines Häufchen" auf seinen Schreibtisch gelegt hätte, und er möge es bitte in den nächsten Tagen wegräumen. Damit kann er umgehen. Meist stöhnt er ein wenig – „Ach, nicht schon wieder." oder so ähnlich –, aber ich hatte keinen Vorwurf in der Stimme, ich habe ihn nicht unter Druck gesetzt und ihm auch nicht ein definitives Zeitlimit gesetzt. Ich habe ihn lieb gebeten und ihm den Freiraum gegeben, selbst zu entscheiden, wann er es tun möchte. Du darfst nicht vergessen, dass es bei Menschen, die schlecht Ordnung halten können, nicht damit gleichzusetzen ist, dass sie keine Ordnung mögen. Sie können es nur nicht. Durch mein jetziges Verhalten ist es für ihn keine Mammut-Aktion mehr wie früher, die er zu bewältigen hat. Im Gegenteil, durch mein „Zusammensuchen" der Dinge, die er wegzuräumen hat, gebe ich ihm bereits eine Hilfestellung. Letztendlich sind wir dadurch beide zufrieden mit dem Ergebnis, schaffen eine Ordnung, die uns beiden zusagt, und können dies erreichen ohne vorausgehende Streitgespräche. Es ist verdammt wohltuend!

Ähnlich verfahren wir mit unserem Schuppen. Wir haben keinen Keller in unserem Haus, sondern nur einen angebauten kleinen Schuppen, wirklich einen sehr kleinen. Du weißt selbst, wie viele Dinge anfallen, die man irgendwo lassen will, und Du kannst Dir sicher auch vorstellen, wie schnell so ein kleiner Raum zu einem Chaos wird. Vor Jahren haben wir dort einige Schränke einer alten Küche eingebaut mit einer Arbeitsplatte, die Bill als „Werkbank" dient, sowie die Wand dahinter mit einer Lochplatte bestückt, an der alles Werkzeug säuberlich geordnet aufgehängt wurde. Auf Borden an der Seite haben wir durchsichtige Behälter hingestellt, wo Schrauben, Nägel, Dichtungen und all diese Kleinigkeiten übersichtlich hingestellt wurden. Ebenso hatten Blumentöpfe, Gartenstuhl-Auflagen, Farbtöpfe und all das, was man eben so in einem Schuppen aufbewahrt, ihren bestimmten Platz. Wir haben die Wände isoliert und einen neuen Fußboden gelegt. Am Ende waren wir sehr zufrieden; auch Bill zeigte sich erfreut, dass er nun endlich Ordnung hatte in „seiner Werkstatt". Es ging auch wochenlang gut. Aber irgendwie – Bill selbst kann es auch nicht erklären – war nach einigen Monaten die Arbeitsplatte (die eigentlich frei sein sollte, weil zum Arbeiten gedacht) nicht mehr leer, sondern völlig vollgepackt mit den verschiedensten Dingen. Da lag der Hammer, den er vor Wochen benutzt hatte, um einen Nagel in die Wand zu schlagen, obwohl es (für mich) doch nicht einmal einer zweiten Handbewegung bedurft hätte, ihn gleich an die richtige Stelle zurückzuhängen. Da lagen Tücher, mit denen er das Fahrrad geputzt hatte. Da lagen Gartenhandschuhe, die Bohrmaschine und, und, und. Von mir kamen auch da zunächst nur Vorwürfe: „Warum haben wir uns nur die Mühe gemacht, in diesem kleinen Schuppen Ordnung zu schaffen, wenn Du sie jetzt nicht halten kannst?" „Los, jetzt räume das auf, da findet ja kein Mensch etwas wieder!" „Und bitte etwas plötzlich – das kann ja keiner mit ansehen!" Bills Antworten gingen meist in die Richtung von „Es ist doch überhaupt nicht unordentlich.", „Ich räume es schon noch weg!", „Immer Deine Meckerei!" usw., usw. Alles wie gehabt. Wie schon mit den Dingen im Haus, habe ich wieder einmal lernen müssen, dass Bill nicht nur nicht meinen Ordnungssinn hat, sondern dass es ihm auch völlig egal ist, ob dort Ordnung herrscht oder nicht. Er mag es sehr, wenn alles ordentlich ist, aber es ist für ihn nicht zwingend. Das heißt, wenn es für mich so wichtig ist, muss ich es selbst in die Hand nehmen. Heute, wenn ich eine derartige „Unordnung" vorfinde, räume ich alles wieder an den Platz, von dem ich weiß, wo es hingehört. Die wenigen Sachen, bei denen ich nicht weiß, wo Bill sie haben möchte, lege ich wieder einmal zu einem kleinen Haufen zusammen – und bitte Bill liebevoll darum (siehe oben), diese „paar Sachen" im Laufe der nächsten Tage wegzuräumen. So einfach ist das. Seitdem haben wir (fast immer) einen relativ aufgeräumten Schuppen. Ich habe ein Auge drauf, ich schaffe die Haupt-Ordnung, und Bill macht es nichts mehr aus, die Rest-Ordnung dann für *mich* zu schaffen, auch wenn sie für ihn selbst zwar schön, aber dennoch ziemlich unwichtig ist. Wiederum sind beide zufrieden.

Lösungen bei all diesen „Kleinigkeiten" sind aber nur zu finden, wenn Ihr miteinander sprecht und die ganze Energie nicht nur darauf verwendet, den anderen mit Vorwürfen zu bombardieren. Es gibt immer wieder Dinge, die dem einen Partner wichtiger sind als dem anderen; ebenso gibt es immer wieder Arbeiten, die dem einen Partner leichter fallen als dem anderen. Es gilt, dieses herauszufinden und dann die Verantwortung für die jeweiligen Tätigkeiten möglichst gerecht zu verteilen.

Arbeitsteilung – wir sind ein Team

Wenn Ihr in einer gemeinsamen Wohnung oder einem Haus lebt, sind viele Arbeiten zu erledigen. Keiner mag alles gleich gern. Ziel ist, dass Einigung darüber herrscht, wer was macht. Natürlich muss es keine absolut straffe Regelung geben; auch hier ist Flexibilität angesagt, und jeder kann dem anderen gegebenenfalls helfen. Aber es ist schon sehr hilfreich, wenn Ihr Euch darüber einigt, wer die Verantwortung übernimmt für die einzelnen Aufgaben. Ich habe diese Themen schon im vorhergehenden Kapitel angerissen, hier möchte ich noch mehr Betonung darauf legen, wie wichtig es oft ist, dass Ihr Euch bei den anfallenden Arbeiten als ein Team seht. Ihr seid nicht zwei Kampfhähne (einer gewinnt), sondern Ihr tauscht Eure Gedanken und Wünsche aus, Ihr einigt Euch, Ihr redet darüber und Ihr findet Lösungen – gemeinsam und als „Team".

Ich nehme mal an, dass Du in einer Gemeinschaft lebst, in der *beide* Partner Arbeiten im Haushalt und beim Bürokram übernehmen. Wenn nur ein Partner arbeitet und der andere den ganzen Tag zu Hause ist, dann fällt natürlich mehr davon in den Aufgabenbereich desjenigen, der zu Hause ist. Wenn aber beide arbeiten, sollten auch beide sich die Arbeiten zu Hause teilen. In den meisten Partnerschaften, besonders bei den jungen Leuten, läuft das meines Wissens auch so. Dennoch treffe ich immer mal wieder auf Paare, bei denen der Mann doch tatsächlich meint, dass er der „wahre" Arbeiter und Geldverdiener ist, für den Saubermachen, Haushalt und Wäsche Fremdwörter sind. Seine Frau, so meint er, ist eben für die drei Ks (Küche, Kochen, Kinder) zuständig. Solltest Du zu dieser Gruppe gehören, Dich dabei keineswegs unterdrückt fühlen und sogar absolut glücklich mit dieser Regelung sein, ist es in Ordnung, dann kannst Du es weiterhin so handhaben. Wenn Du es aber nur stillschweigend und murrend hinnimmst („weil der Partner sich ja sowieso nicht ändert"), musst Du es Dir vielleicht mal überlegen, ob Du an Deiner Situation nicht etwas ändern willst und kannst. Ich meine nicht, dass Du Dich jetzt auf die faule Haut legen und alle Arbeiten auf Deinen Partner abwälzen sollst, aber es ist doch eine Überlegung wert, ob er in Zukunft auch ein paar Aufgaben mit übernehmen kann.

Eine sehr gute Freundin von mir hat über zwanzig Jahre stets dieses „Ich tue alles" an den Tag gelegt. Sie hatte einen Vollzeitjob, er ging nur einige Stunden am Tag einer Teilzeitbeschäftigung nach. Sie musste morgens früh aus den Federn, er blieb schon mal ein paar Stunden länger im Bett (denn er hatte sich auch viel später als sie schlafen gelegt). Er war in seiner Arbeit gut und fleißig, aber er verbrachte so viel mehr Stunden zu Hause als sie, in denen er sich seinen Freizeitbeschäftigungen hingeben konnte, was er auch tat. Glaube ja nicht, dass er von der Hausarbeit auch nur irgendetwas erledigt hätte. Wenn meine Freundin von der Arbeit kam, wartete nicht nur der Einkauf und das Kochen auf sie, sondern auch das Saubermachen, die Wäsche und das Bügeln. Das ging wie gesagt viele Jahre so. Eines Abends beim Bügeln kam der Vorwurf ihres Mannes, wie blöd er es fände, dass sie immer noch bügelte, statt sich mit ihm einen schönen Abend zu machen. Das brachte das Fass zum Überlaufen. Von dem Tag an hat sie nicht mehr gebügelt. Ich will die Geschichte nicht weiter im Detail erzählen. Wichtig ist mir nur, dass es wohl meistens einen solchen „Anstoß" geben muss, um etwas in einer Partnerschaft zu ändern. In dieser eben erwähnten Ehe hat es in den Folgemonaten sehr viel gekracht, und es hätte nicht viel gefehlt und die Ehe wäre zerbrochen. Aber sie haben die Kurve gekriegt. Sie fingen an, miteinander zu reden. Die Frau fing an zu fordern. Der Mann fing an einzusehen und zu begreifen. Heute ist es eine gut funktionierende Partnerschaft geworden. Es „kracht" dort sicher noch häufiger als bei uns, aber sie haben eine sehr gute Basis geschaffen, auf der sie zukünftig immer noch weiter aufbauen und ihre Partnerschaft verbessern können. Heute ist schon oft gesaugt und die Küche saubergemacht, wenn sie von der Arbeit heimkommt. So manches Mal ist bereits das Essen auf dem Tisch. Über zwanzig Jahre hat sie so gut wie nie einen Blumenstrauß von ihrem Mann bekommen, jetzt ist sogar dies schon mehrfach vorgekommen. Natürlich fällt die Frau noch häufiger in ihre alten Verhaltensmuster zurück (sie bügelt auch wieder seine Hemden) und er lässt noch ab und zu den Macho heraushängen. Aber beide wissen um die Probleme, die sie haben. Beide haben die Erkenntnis, beide bemühen sich und arbeiten weiterhin an der positiven Veränderung.

Du hast wieder nicht den Mülleimer rausgestellt!

Du hast wieder nicht die Rechnung bezahlt!

Du hast wieder nicht den Hund gefüttert!

Oder, oder, oder … All diese Sätze fallen so oder in ähnlicher Form in jeder Partnerschaft immer und immer wieder. Auch bei uns war das so. Anschuldigungen dieser Art sind so unnötig wie nur irgendetwas. Wenn Ihr Euch einmal darüber einigt und es sozusagen als eine Basis festlegt, wer für welche Aufgaben zuständig ist, ist das schon die halbe Miete. Versuche auch, nicht alles zu eng zu sehen. Natürlich ist es wichtig, den Mülleimer an die Straße zu stellen, natürlich müssen Rechnungen bezahlt werden, und natürlich gilt es, den Hund zu füttern. Aber betrachte doch alles ein klein wenig lockerer: Die Welt bricht nicht zusammen, wenn diese Dinge einmal nicht *sofort* erledigt werden. Es ist auch nirgendwo ein Chaos ausgebrochen, wenn der Mülleimer einmal nicht geleert wurde. Diese nicht erledigten Dinge sind ärgerlich, aber überlege einmal ganz sachlich: Ist es die Sache wert, sich darüber die Köpfe heißzureden? Wenn Du Deinen Partner darauf aufmerksam machen willst, dass er wieder einmal etwas versäumt hat, dann brülle ihn nicht an und dresche nicht wie mit einem Holzhammer auf ihn ein. Vergiss nie, dass der Ton die Musik macht. Ich kann Dir versichern, je vorwurfsvoller der Ton ist, desto weniger wird er bei Deinem Partner ankommen und desto wahrscheinlicher ist es, dass beim nächsten Mal die gleiche Vergesslichkeit geschieht. Schafft Euch Hilfsmittel: Schreibt die zu erledigenden Sachen in den Kalender. Bill und ich sind beide nicht besonders gut darin, die bestimmten Müllabfuhrtermine im Kopf zu haben. Wir haben einen Müllabfuhrkalender, der an der Pinnwand hängt – aber keiner von uns guckt hin. Wir übertragen es in „unseren" Kalender, der an einer offensichtlichen Stelle beim Telefon liegt, wo jeder von uns täglich draufschaut. Dort finden wir farblich groß markiert ein „M" für Müll, ein „P" für Papier, ein „B" für Biomüll und ein „K" für Kunststoff.

Werft Euch nicht immer gegenseitig vor, was Ihr (wieder mal) vergessen habt. Wenn einer von Euch es merkt, erinnert den anderen lieber daran, „seine" Sache zu erledigen als ihn anzumeckern.

Geburtstage von Verwandten und Freunden sind auch ein gemeinsames Problem. Ich kenne einige, bei denen muss sich jeder um die Geburtstage *seiner* Verwandten und *seiner* Freunde kümmern. Das wäre eine mögliche Regelung. In vielen Familien bleibt es an der Frau hängen, sich darum zu kümmern. Tatsache bleibt, dass wohl immer wieder ein Geburtstag vergessen wird, also auch bei Dir. Was ist zu tun?

Wir haben dafür eine Art Teamarbeit entwickelt. Zunächst einmal habe ich einen Geburtstagskalender mit dem Computer angefertigt (Du kannst so etwas auch überall kaufen) – einen ohne Wochentage, dadurch jahresunabhängig. Dieser hängt mit allen uns wichtigen Geburtstagen im Badezimmer gegenüber der Toilette. Du fragst Dich, warum gerade dort? Dort, weil ich mich an diesem Ort immer mal wieder aufhalte. Wenn ich „throne", fällt der Kalender mit den relevanten Geburtstagen direkt in mein Blickfeld. Bill sieht ihn bei seiner „Sitzung" auch. Meistens fragt bei uns der eine den anderen: „Hast Du gesehen, dass heute (oder morgen) XY Geburtstag hat?" Das Augenmerk sollte nicht darauf liegen festzustellen, dass „Du" es vergessen hast, sondern darauf, dass „Wir" daran denken.

Große Probleme hatten wir immer zu bewältigen, wenn Renovierungs- und Verschönerungsarbeiten anfielen. Nehmen wir einmal als Beispiel das Tapezieren und/oder die Neueinrichtung des Wohnzimmers. Wenn Du es nicht von einem Handwerker erledigen lassen kannst, müssen Du und Dein Partner selbst Hand anlegen. Sicher gibt es Familien, bei denen diese Arbeit nur am Mann (und ggf. noch an anderen männlichen Freunden) hängenbleibt. Bei den meisten Familien ist es, glaube ich, heute eine Sache, die im partnerschaftlichen Team miteinander vollbracht wird.

Es gibt Menschen, die sind dafür geschaffen, miteinander zu arbeiten – manchmal können es sogar eine Frau und ein Mann sein! Wir gehörten nicht dazu. Bei uns entstand jedes Mal bei solchen Arbeiten viel Ärger und Streit. Ich hatte eine andere Art des Planens und des Arbeitens als Bill. Ich war schneller im Denken, er brauchte Zeit. Und so mussten wir, wie wohl die meisten, erst einmal einen Weg finden, bei einer gemeinsamen Tätigkeit auch ein reibungsloses Miteinander zu erzielen. Männer und Frauen ticken anders, das wissen wir nicht erst seit heute, aber sind wir nicht alle von dem Glauben beseelt, dass man daran drehen kann?

Wenn wir im Hause Arbeiten zu verrichten hatten, taten wir uns grundsätzlich schon schwer, weil uns diese handwerklichen Dinge nicht so lagen und wir uns mühsam an die Aufgabe herantasten mussten. Ich bin ein Mensch der schnellen (sehr schnellen) Entscheidungen, während Bill lieber erst einmal zig Tassen Tee trinken möchte, um „in Ruhe" darüber nachzudenken. Früher war ich dann schon sauer. Heute weiß und akzeptiere ich das und lasse ihm diese Zeit. Wie oft habe ich ihn unter Druck gesetzt, weil es mir alles zu langsam ging, und durch diesen Druck sind ihm oft unnötige Fehler unterlaufen, die mich wiederum in noch mehr Wut versetzten – die Stimmung war mal wieder auf einem Tiefpunkt.

Ich bin eher ordentlich, er eher weniger. Also gab es immer Streit darüber, wo *er* denn wieder den Schraubenzieher, den Hammer oder sonst etwas hingelegt hatte. Statt mich jeden Abend aufs Neue aufzuregen, dass er ein heilloses Durcheinander anrichtet, löse ich dieses Problem nunmehr seit Jahren auf folgende Weise: Jeden Abend, wenn wir die Arbeit beenden, sammle ich alles Werkzeug ein und ordne es fein säuberlich und übersichtlich auf einem Tablett, so dass morgens beim Neubeginn alles an seinem Platz liegt. Bill findet das auch toll, aber er selbst könnte es nicht, es würde ihn wirklich Stunden kosten. Für mich ist es eine Angelegenheit von fünf Minuten. Gerade deshalb war ich früher auch immer so sauer, weil ich es mir eben nicht vorstellen konnte, dass er dazu nicht in der Lage sein sollte. Eine Tatsache, die es zu akzeptieren gilt. Bill braucht diese Ordnung nicht, er wäre auch damit zufrieden, in seinem „Chaos" weiterzuarbeiten; aber er schätzt diese Ordnung durchaus. *Ich* brauche diese Ordnung, also muss *ich* sie auch herstellen. So, wie wir es jetzt handhaben, sind wieder einmal beide Seiten zufrieden, und heute bilden wir (fast immer) ein sehr ausgeglichenes Team und haben Spaß miteinander, gemeinsam etwas zu schaffen.

Wahrscheinlich ist es in den meisten Familien noch so, dass die Frau sowohl kocht als auch den Tisch deckt sowie Frühstück und Abendbrot bereitet. Meistens bleibt der Rest des Haushalts mehr an ihr als an ihm hängen. Ich war in der angenehmen Lage, dass mein Mann mir schon immer sehr viel in diesen Dingen geholfen hat. Allerdings haben wir uns im Laufe der Jahre eine lockere Art zugelegt, mit diesen „Pflichten" umzugehen; es herrscht keine strikte Teilung mehr. Mal ergibt es sich, mal sprechen wir es abends schon ab und mal bitten wir einfach den anderen, es zu tun. Obwohl wir es so „locker" handhaben, ist bei uns noch keiner verhungert. Wir kommen auch damit klar, wenn einer von uns einmal monatelang das Frühstück macht, weil der andere offensichtlich im Moment dazu keine große Lust verspürt. Solange wir beide das Gefühl haben, dass im Großen und Ganzen jeder „genügend" der nötigen, aber oft ein wenig lästigen Tätigkeiten im Haushalt macht, so lange ist die Welt für uns beide in Ordnung.

Natürlich soll dieses keine allgemeingültige Empfehlung sein. Eine klare Regelung, wer was macht, ist absolut genauso richtig. Auch bei diesem Thema gilt wieder, dass es egal ist, wie auch immer Du es handhabst – solange beide zufrieden sind, selbst wenn es der eine immer macht und der andere nie. Nur, wenn Unmut und Widerwilligkeit bei diesen Tätigkeiten entstehen und Gedanken wie „Warum muss ich das eigentlich immer machen?", „Bin ich hier eigentlich Hausangestellte oder was?" oder „Was ist mein Partner doch nur für eine faule Socke!" aufkommen, ja dann sollte dieser Groll niemals zu einem ausgewachsenen Zorn heranwachsen, sondern frühzeitig und möglichst liebe- und humorvoll angesprochen werden. Zornige Forderungen werden selten erfüllt, aber sie enden oft in einem (wie ich meine unnötigen) ausgewachsenen Streit.

Wir kochen beide, ich allerdings weniger gern. So habe ich zwar „meine" Mahlzeiten, die ich allein zubereite, bei all den anderen haben wir folgende Regelung getroffen: Bill kauft zu neunzig Prozent ein (ich hasse Einkaufen). Ich bereite alles vor (Bill findet allein das Kartoffelschälen recht mühsam), putze das Gemüse, stelle die notwendigen Töpfe und Zutaten bereit, decke den Tisch usw. (dieses „Organisieren" liegt mir wiederum). Das tatsächliche Kochen bis zum Servieren überlasse ich dann wieder ihm. Die Töpfe abwaschen und das Aufräumen nach dem Essen liegt zu achtzig Prozent in meiner Hand – dazu kann ich nur sagen, dass wir es beide nicht gern tun. Ich habe es übernommen, weil es mir einfach schneller von der Hand geht. Wir haben das Glück, dass wir uns beim Kochen und den Vor- und Nacharbeiten jeder dem widmen können, was wir jeweils bevorzugen. Nun gibt es auch Leute, wo zum Beispiel beide ungern einkaufen, beide aber gern kochen und dann wiederum keiner von beiden Ambitionen auf den Abwasch oder das Aufräumen hat. Ein solches Ehepaar erlebten wir einmal als Nachbarn bei unserem Campingurlaub. Da hörten wir oft schon morgens ein Streitgespräch darüber, wer von beiden an dem Tag kochen durfte. Die Fortsetzung des Streits ging nach dem Essen weiter, wer denn „dran" sei mit den restlichen Arbeiten. Es wurde auch aufgerechnet: „Gestern habe ich doch nur eine Kleinigkeit gekocht, dafür müsste ich eigentlich heute noch einmal kochen dürfen." oder „Deine drei Teller gestern zum Abwaschen, das war doch gar nichts, und heute soll ich diesen Riesenabwasch machen – das sehe ich überhaupt nicht ein!" Selbstverständlich ist es einfacher, sich zu einigen, wenn sich jeder seine „Rosinen" herauspicken kann. Aber ganz ehrlich, solche Zankereien wie bei dem eben genannten Ehepaar sind eine völlig unnötige Energievergeudung. Das lässt sich mit ein bisschen gutem Willen und mit äußerst klaren Ansagen mühelos lösen. Ihr macht die Arbeiten umschichtig, tage- oder wochenweise, und/oder beschließt, sie an einigen Tagen gemeinsam zu verrichten. Gewöhnt Euch an, nicht immer alles so eng zu sehen, und vor allem rechnet Euch nicht gegenseitig vor, was Ihr getan habt. Lobe immer mehr, was Dein Partner vollbracht hat, und verkneife Dir Deine ständige Meckerei über das, was Dein Partner „mal wieder" nicht gemacht hat.

Wenn eine *gemeinsame* Arbeit geplant ist, sollte sie auch gemeinsam durchgeführt werden. Es ist unfair, wenn einer von beiden ständig versucht, sich davor zu drücken. ABER, und auch das ist wichtig: „Ich muss nicht immer zur gleichen Zeit tätig sein wie Du", „Ich kann Dir eine Auszeit gönnen, während ich arbeite" und genauso „Ich kann und darf mich ausruhen, während Du fleißig bist".

An einem Beispiel wird es Dir vielleicht klarer, was ich meine: Wenn Dir plötzlich abends um 21.00 Uhr danach ist, den Kleiderschrank aufzuräumen, dann ist das allein Deine Sache. Du kannst in dem Fall nicht erwarten, dass Dein Partner um diese Zeit noch bereit ist, Dir dabei zu helfen. Du hast auch kein Recht, wegen seiner „Nicht-Hilfe" sauer zu sein.

Andersherum: Angenommen, Ihr sitzt gemütlich lesend auf dem Sofa. Plötzlich kommt es Deinem Partner in den Sinn, er könne, müsse und wolle jetzt im Garten einen Rundumschlag machen. Wenn Dir in diesem Moment aber überhaupt nicht danach ist, springe auch nicht auf, um ihm zu helfen, sondern bleibe auf dem Sofa sitzen. Deswegen brauchst und darfst Du kein schlechtes Gewissen haben.

Habt Ihr allerdings beide eine Abmachung getroffen, zu einem bestimmten Zeitpunkt zum Beispiel Fenster zu putzen, sollten auch beide gemeinsam diese Aufgabe vollbringen. Wenn sich dann einer einfach aus dem Staub macht, ist es unfair und kränkend.

Begreife, dass jeder ein anderes Tempo hat. Männer können nicht zwei Dinge gleichzeitig erledigen – zumindest funktioniert dies in den seltensten Fällen. Und verstehe auch *wirklich*, dass er es *wirklich* nicht *kann*.

Du musst erkennen, wer was besser beherrscht. Sprecht darüber. Mit ein wenig Mühe erreichst Du, dass jeder das von all den zu erledigenden Dingen macht, das ihm besser liegt. Der eine sollte nie über dem anderen stehen – strebt ein Neben- und Miteinander an, denn dann vereinigt Ihr Euch zu einem gut funktionierenden Team.

Trinken, Rauchen, Gewichtsprobleme

Wenn es Dir gegeben ist, dass Du kontrolliert trinken kannst, dann schätze Dich glücklich. Kann es Dein Partner auch, ist es gut. Leider gibt es viele Menschen, die dies nicht können; sie können selbst nicht mehr wirklich bestimmen, wie viel sie trinken wollen, denn der Kontrollverlust setzt ein. Diese Menschen sind nicht etwa charakterschwach oder asozial, sie sind „nur" alkoholkrank. Ich will mich gar nicht weiter in dieses Thema vertiefen, das würde den Rahmen dieses Buches sprengen, es gibt unendlich viele gute und hilfreiche Literatur darüber. Aber ein paar Gedanken zum Trinkverhalten in einer Partnerschaft möchte ich Dir schon sagen, da ich bemerkt habe, in wie vielen Familien es dabei immer wieder zu Streitigkeiten kommt.

„Musst Du dieses Bier noch trinken, hast Du nicht schon genug?" ist ein Beispiel, und tausend andere und ähnliche Bemerkungen könnte ich noch hinzufügen. Wenn Du selbst ab und zu derartige Äußerungen an Deinen Partner loslässt, so kann ich Dir nur raten, lasse dies in Zukunft einfach sein. Wenn er wirklich ein Alkoholproblem hat, kann ich Dir versichern, dass Du ihn davon nicht abbringen wirst. Einem alkoholkranken Menschen kann geholfen werden, aber nur – und wirklich nur dann – wenn er es selbst will und selbst diesen Weg geht. Hilfe können Du und/oder Dein Partner bei verschiedenen Organisationen (z. B. „Anonyme Alkoholiker" oder „Guttempler-Orden") finden.

Gehört er zu denen, die eben „gern mal einen trinken", wirst Du durch Deine Nörgelei nur eines bewirken, und zwar, dass er trotzig wird und eher mehr als weniger trinkt. Wenn Dein Partner zu viel getrunken hat, vollkommen betrunken ist und Dir das alles zuwider ist, schlafe in der Nacht in einem anderen Zimmer und halte Dich von ihm fern. Aber Deine ständige Meckerei und Kritik an seinem Trinkverhalten wird seinen Alkoholkonsum mit Sicherheit nicht senken.

Das Rauchen teilt die Menschen in zwei Gruppen: Die Raucher und die Nichtraucher, und beide Gruppen gehen sehr häufig nicht besonders verständnisvoll miteinander um – siehe die vielen Diskussionen, die über das neue Nichtrauchergesetz entstanden sind. Wenn also ein Partner raucht und der andere nicht, so gibt es zwar Menschen, die das ohne Weiteres voneinander akzeptieren; allerdings kennen wir Unmengen von Paaren, bei denen das immer wieder Anlass zu größeren Reibereien ist. Zunächst war es bei uns kein Problem, da Bill und ich beide jahrelang gern und auch nicht wenig geraucht haben. Den ersten Versuch vor fünfundzwanzig Jahren lasse ich weg, das hat eh nicht lange angedauert, aber als ich dann („endgültig", wie ich glaubte) vor etwa zehn Jahren aufhörte, gab es bei uns ziemlich viele Probleme. Es ist ein Suchtproblem und beim Aufhören kommen Entzugserscheinungen. Das ist schon schlimm genug – einmal für den, der aufhört, zum anderen für den, der diese (negative) Stimmungskanone ertragen muss. Bei mir kam noch diese ungebremste Wut hinzu, dass ich nicht verstehen wollte, dass mein Mann weiterrauchte. Wenn *ich* es doch nun endlich erkannt hatte, dass es für die Gesundheit besser war, hatte *er* verdammt noch mal das auch so zu sehen. Ich warf ihm Willensschwäche vor und manchmal sogar, dass er mich wohl nicht mehr lieben würde, denn sonst würde er ja mit mir zusammen aufhören. Es hat ziemlich lange gedauert, bis ich es endlich begriffen hatte, dass auch bei den Rauchern gilt: Du kannst nicht bestimmen, ob und wann Dein Partner aufhört damit, sondern nur er selbst kann die Initiative dazu ergreifen. Wenn Du aufhören willst, tue es für Dich und weil Du Dich dazu entschlossen hast. Tue es nie für jemand anderen und verlange von Deinem Partner nicht, dass er es deinetwegen tut. Natürlich ist es keine Frage, dass es bedeutend leichter ist, diese Aufgabe zu zweit gleichermaßen zu meistern; es ist sehr viel mehr Disziplin und Durchhaltevermögen erforderlich, es neben Deinem noch rauchenden Partner zu schaffen. Aber Du kannst es eben nur für Dich selbst entscheiden, für niemand anderen sonst. Das Schlimmste für mich war, dass ich den Gestank, der von Bill ausging, nach meinem Aufhören so schwer ertragen konnte. Es ist einfach unglaublich, dass Du als Raucher dieses Geruchsempfinden nicht hast und deshalb auch einfach nicht begreifen kannst, weshalb die Nichtraucher sich diesbezüglich so „anstellen". Bill ist auch noch Bartträger, und dort setzt sich der Geruch ganz besonders intensiv fest. Bei uns endete es so, dass ich wieder angefangen habe, ab und zu am Tag einen Zug an seiner Zigarette zu ziehen – dadurch empfand ich den Rauchgeruch als nicht mehr so lästig und konnte es besser ertragen. Viele Jahre ging es gut, aber natürlich kam es, wie es kommen musste: Eines Tages rauchte ich eine ganze Zigarette allein, und kurz darauf habe ich wieder voll geraucht (das Rauchen bleibt eben eine Sucht!). Vor knapp 2 Jahren ging es mir einmal wieder so schlecht gesundheitlich (ich bekam nicht mehr richtig Luft und hatte Herzschmerzen), so dass ich erneut den Anlauf nahm, mit dem Rauchen aufzuhören. Dieses Mal war es besonders schlimm für mich, aber vielleicht gerade deshalb habe ich bis jetzt durchgehalten, ohne auch nur wieder einen Zug zu nehmen. Ich würde gern wieder rauchen, aber ich möchte diese Anfangszeit und den Stress mit den Entzugserscheinungen einfach nicht noch einmal durchmachen müssen. Um es mir etwas zu erleichtern, halte ich es wie die trockenen Alkoholiker; ich sage mir immer: „Heute rauche ich nicht, was morgen ist, das wird sich zeigen!"

Der Tipp, den ich in diesem Zusammenhang geben möchte, ist folgender: Derjenige, der aufhört, sollte sich möglichst Hilfe holen, um die Entzugserscheinungen zu mildern (zum Beispiel durch Akupunktur oder Hypnose). Der Partner hingegen muss sich klarmachen, dass es vorübergehend eine sehr schwierige Zeit ist. Hilfreich ist, wenn Du möglichst nicht in der Gegenwart Deines Partners rauchst. Hilfreich ist es auch, wenn Du Deinen Partner lobst und ihn eventuell mit kleinen Geschenken bei der Stange hältst. Etwas, was mir persönlich sehr geholfen hat, ist, dass Bill mir zuliebe nicht mehr im Auto raucht. Wir haben uns stets beide gern im Auto eine Zigarette angezündet, aber in diesem engen Raum ist der Rauch für einen Nichtraucher wirklich fast nicht auszuhalten. Letztendlich ist es förderlich, wenn Du die miese Stimmung des aufhörenden Rauchers ignorierst. Die Zeit geht relativ rasch vorüber, und Du hast dann wieder einen „normal" netten Partner. Du solltest stets daran denken, das Noch-Rauchen Deines Partners nicht ständig zu kommentieren und/oder zu benörgeln. Je mehr Du daran festhältst, je mieser wird Deine Stimmung und die Deines Partners.

Diejenigen, die zum Nichtraucher geworden sind, werden oft zu den schlimmsten Moralpredigern gegen das Rauchen. Mich hat das immer ziemlich genervt und schon damals habe ich mir geschworen: „Wenn ich einmal aufhöre, dann möchte ich nicht so ein intoleranter Nichtraucher werden!" Ich glaube, das ist mir auch gelungen. Bill geht zwar nach draußen zum Rauchen, aber wenn wir Besuch bekommen, darf bei uns im Zimmer geraucht werden – es stehen immer noch Aschenbecher dafür bereit. Meistens tun die Gäste es nicht und gehen ebenfalls mit nach draußen.

Das Nichtrauchen hat mir wie vielen anderen Menschen gute zehn Kilo an Mehrgewicht beschert. Das ist ein Nebeneffekt, mit dem ich sehr schwer zu kämpfen habe. Und damit komme ich zum nächsten Punkt: Wie gehe ich mit dem Übergewicht meines Partners um?

Bill mochte immer gern sehr schlanke Frauen. Als wir uns kennen lernten, wog ich gerade mal 50 kg bei einer Länge von 176 cm, ich war also eher dürr als schlank. Ich habe dieses Gewicht gehalten bis einige Jahre nach der Geburt der Kinder. Dann ging es altersbedingt ein wenig aufwärts. Heute wiege ich ca. 77 kg. Ich bin dadurch nicht superdick, aber mich selbst stört es schon, es sind in meinen Augen schlappe 10 kg zu viel. Verstehe mich nicht falsch, ich möchte nicht mehr zurück auf 50 oder 60 kg. Es gibt die Frage „Möchtest Du lieber Ziege oder Kuh sein?" und ich habe mich für „Kuh" entschieden. Aber ich möchte im Laufe der nächsten Jahre wieder mein Wohlfühlgewicht von ca. 70 kg erreichen.

Sehr dankbar bin ich meinem Mann, dass er – obwohl er lieber sehr schlanke Frauen mag – nicht ständig an meinem Gewicht herummeckert und/oder dumme Bemerkungen darüber macht. Ganz im Gegenteil. Neulich hat er zu mir gesagt: „Ich habe so viele Jahre eine so wunderbar schlanke Frau haben dürfen, dafür bin ich dankbar. Aber ich liebe Dich genauso jetzt mit den paar Pfunden mehr!" Dieses Kompliment hilft mir sehr. Genauso ist es, wenn ich eine schöne Frau sehe, Bill auf sie aufmerksam mache mit der Frage „Ist das nicht eine tolle Frau?" und er mir sagt: „Für *mich* bist *Du* die schönste Frau!" Das kommt so überzeugend, dass es mir gelingt, ihm zu glauben.

Die wenigsten Menschen sind gern dick. Es ist schön, wenn Du es schaffst, an Deinem Übergewicht etwas zu ändern, aber sieh es nicht zu eng, denn damit setzt Du Dich unter Druck, und Druck war noch nie ein guter Ratgeber. Hast Du einen übergewichtigen Partner und hättest gern, dass er weniger wiegt, hilft Dein Meckern überhaupt nicht. Liebkosungen wie „Meine kleine süße Tonne" – egal wie liebevoll gesagt – kommen mit Sicherheit nicht besonders gut an und sind auf keinen Fall motivierend.

Wenn Du abnehmen willst, bitte Deinen Partner um unterstützendes Verständnis. Hast Du einen Partner, der abnehmen will, gib auch Du ihm alle Dir mögliche Unterstützung und motiviere ihn, wo und wie Du nur kannst. Vermeide „lustige" Bemerkungen oder Witze über das Gewicht. Wenn Du es fühlen kannst, sage Deinem Partner, dass trotz seines Übergewichts die Liebe noch genauso groß ist. Die Worte „Das schaffst Du doch sowieso nicht!", die ich schon so oft bei anderen Paaren diesbezüglich gehört habe, sind ganz sicher weder hilfreich noch fördernd.

Ob beim Trinken, Rauchen oder auch beim Übergewicht: Verständnis und liebevolle Unterstützung zur Überwindung des Problems sind allemal bessere Ratgeber als ständige Nörgeleien darüber.

Die Kleidung

Nimm wahr, was Dein Partner trägt. Du musst nicht ständig in Begeisterungsstürme ausbrechen, aber es wäre schon hilfreich, wenn Du ab und zu eine bewundernde Äußerung über das Erscheinungsbild machtest. Selbst eine kritische Betrachtung der Kleidung und/oder Frisur ist besser als Nichtbeachtung. Das stärkt das Selbstbewusstsein Deines Partners und lässt ihn spüren, dass Du ihn wahrnimmst und er Dir nicht gleichgültig ist.

Ich selbst halte Farben „Ton in Ton" für schön, egal um welche Dinge es geht. Was die Kleidung anbelangt, bin ich sehr darauf bedacht, dass Bill und ich zumindest farblich im Partnerlook gekleidet sind. Wahrscheinlich war es mir früher sehr wichtig, die „Einheit" von Bill und mir zu demonstrieren, inzwischen ist es zum einen eine Art Gewohnheit geworden und zum anderen mag ich es einfach, wenn zwei Leute, die zusammengehören, „stimmig" gekleidet sind. Für mich ist es ein Horror, wenn zum Beispiel der Mann ein rotes Hemd trägt, das ganz und gar nicht harmoniert mit dem Rot des Kleides der Frau. Manche finden unseren Partnerlook toll, manche okay, manche finden es entsetzlich. Ich kann alles verstehen, es kümmert mich aber heute weder, was andere dazu sagen oder denken, noch, ob es überhaupt jemand bemerkt. Bill ist mein Partnerlook-„Tick" absolut gleichgültig, aber er macht den Spaß mit für mich. Er sagt, es belaste ihn nicht weiter, und da er merkt, dass es für mich von Bedeutung ist, tut er es, um mir einen Gefallen zu tun. Ich finde es gut und bin dankbar, dass Bill mir da keine Steine in den Weg legt.

Bill liebt es, im Jogging-Anzug herumzulaufen, ich finde es auch mal okay, aber – besonders, wenn ich aus dem Haus gehe – möchte ich schon adrett gekleidet sein. Also ziehe ich mit ihm zu Hause öfter einen Jogging-Anzug an, als ich es (wäre ich allein) tun würde, um es ihm leichter zu machen, und er hat sich angewöhnt, nicht mehr im Jogging-Anzug aus dem Haus zu gehen, weil ich damit dann ein besseres Gefühl habe.

Es ist auch hierbei immer ein Nehmen und Geben. Es ist wichtig, dass nicht immer nur einer nachgibt.

Früher habe ich es übertrieben. Ich wollte bestimmen, wollte nur meinen Geschmack durchsetzen und habe ohne Wenn und Aber erwartet, dass Bill sich fügt, hatte aber komischerweise nie das Gefühl, dass ich dogmatisch oder intolerant sei. Ich hatte halt immer nur meine Sichtweise im Sinn und habe die Wünsche meines Mannes weitgehend ignoriert. Um Dir zu zeigen, wie sehr man, in diesem Fall ich, eine positive Veränderung an sich herbeiführen kann, erzähle ich Dir immer gern Geschichten von früher. Dadurch erkennst Du, dass ich eine völlig andere Persönlichkeit war, aber es mir im Laufe der Zeit gelungen ist, mich und mein Verhalten grundlegend zu verändern.

Als wir planten, nach Deutschland zu ziehen, waren meine Mutter und ich dabei, in England alle Sachen zusammenzupacken. Unter anderem stießen wir auf einen ganzen Stapel Hemden – „englische" Hemden (dezent farbige kleine Karos). Sowohl meine Mutter als auch ich fanden sie absolut hässlich. Ich bestand darauf, dass sie weggeschmissen wurden. Es waren richtig gute Hemden gewesen, in einem renommierten Herrengeschäft gekauft, und sie waren weiß Gott weder billig noch alt. Bill gab um des lieben Friedens willen nach. Aus meiner heutigen Sicht hätte er das nicht tun dürfen, sein Verhalten war einfach zu „lieb" und nachgiebig. Er hätte darauf bestehen müssen, wenigstens zwei oder drei von diesen seinen Lieblingshemden zu behalten. Aber da ich diese Gegenwehr nicht bekam, konnte ich meinen „Egoismus" durchsetzen. Ein kleines Nachspiel hatte diese Geschichte Jahre später. Wir waren schon lange in Deutschland, und eines Tages sah ich in einem Geschäft genau diese Hemden wieder. Sie waren jetzt „in" und inzwischen fand ich sie todchic. Da Bill ja sehr oft auch kleidungsmäßig das kaufte, was ich vorschlug, war ich mir ziemlich sicher, dass er es auch in diesem Fall tun würde. Aber dieses Mal tat er eben *nicht*, was ich wollte. Er meinte nur trocken: „Damals in England durfte ich die Hemden nicht behalten, und jetzt will ich sie weder haben noch tragen!" Ich fand es schade, konnte es aber voll verstehen.

Seither habe ich übrigens nie wieder ein Hemd „verschwinden" lassen ohne seine Erlaubnis. Es ist inzwischen für mich eine selbstverständliche Form des Respekts geworden, bei Bill nachzufragen, bevor ich *seine* Sachen wegwerfe!

Solche Grenzen hätte ich eher und mehr gebraucht, meine ich. Bill sagt allerdings immer, er wusste, dass ich nicht „böswillig" gehandelt hätte. Er habe gefühlt, dass seine nachgiebige Art notwendig war, damit ich mich entwickeln und später selbst verändern konnte.

Krankheit

Was „Krankheit" mit dem Thema Liebe zu tun hat? Da wir jahrelang miteinander „falsch" umgegangen sind, wenn einer von uns mal krank war, denke ich, es ist nicht verkehrt, dieser Angelegenheit ein paar Zeilen zu widmen.

Wenn mein Mann mal krank war, so habe ich mir natürlich Sorgen gemacht und stets versucht, es ihm so leicht wie möglich zu machen und so viel wie nur irgend möglich für ihn da zu sein. Das heißt, ich bin dauernd zu ihm ans Bett geeilt und habe gefragt, wie es ihm ginge und was ich für ihn tun könne, habe ihm Lesestoff gebracht und gesunde Dinge zum Essen hingestellt – vitaminreiche Säfte, Tabletten usw., usw. Allerdings fand ich es sehr gewöhnungsbedürftig, dass er sich nie dafür bedankt hat. Im Gegenteil, wann immer ich in sein Zimmer kam, entlud sich ein lautes Stöhnen aus seinem Mund, so nach dem Motto: „Was willst Du denn schon wieder hier?"

Andersherum, wenn ich krank und ans Bett gefesselt war, lag ich dort oft stundenlang allein und war so manches Mal stinksauer, dass mein mich doch so sehr liebender Mann sich einfach nicht blicken ließ. Er fragte weder nach meinen Wünschen, noch streichelte er mich liebevoll oder gab sonst irgendetwas Nettes von sich. Ich war doch immer soooo nett zu ihm, wenn er etwas hatte – warum vernachlässigte er mich dann so?

Gott sei Dank waren wir selten krank, so dass wir das nicht häufig erleben mussten. Wenn es allerdings geschah, war es nervig. Das ging so lange, bis wir eines Tages darüber gesprochen haben, und Folgendes kam dabei heraus:

Wenn Bill krank ist, möchte er nur eines, und das ist, in Ruhe gelassen zu werden. Ich darf einmal fragen, was er braucht und es ihm auch bringen – ansonsten möchte er allein sein: nichts hören, nichts sehen, nicht betüddelt und auch nicht ständig mit irgendetwas versorgt werden. Da er es nicht möchte, nahm er selbstverständlich an, dass alle so fühlen wie er, und tat genau das mit mir, wenn ich krank war.

Ich wiederum finde es traumhaft, wenn sich ständig einer um mich kümmert, denn dadurch fühle ich mich wahrgenommen und geliebt. Da auch ich meinte, dass „jeder" so fühlt wie ich, habe ich die ganze Palette meiner Fürsorge an ihn vergeben.

Nachdem wir nun ausführlich darüber gesprochen haben und uns die gegenteilige Auffassung bewusst geworden ist – seitdem gehen wir ganz anders mit solchen Situationen um.

Es fällt mir schwer, aber ich zwinge mich, meinen Mann im Krankheitsfall so viel wie möglich allein zu lassen und mir (fast immer) zu verkneifen, mich ständig nach seinem Wohlbefinden zu erkundigen. Bill dagegen bemüht sich außerordentlich, dass er an meiner Seite präsent ist und besonders für mich da ist, weil er eingesehen und begriffen hat, wie wichtig das für mich und meinen Heilungsprozess ist.

Warum haben wir nicht viel früher darüber gesprochen? Bill fühlte ja, dass ich es gut mit ihm meinte, also mochte er nicht meckern. Ich selbst fühlte mich bei Krankheit so schwach, dass ich absolut keine Lust auf Streitgespräche hatte.

Zum x-ten Mal – was lernst Du daraus? REDE, sprich über Deine Wünsche und Gefühle, nur dann kann Dein Partner handeln. Blocke nicht nur ab, indem Du erzählst, dass Du dies oder jenes nicht möchtest, sondern füge eine Erklärung hinzu. Es ist doch möglich, dass Deine Mutter Dich früher während einer Krankheit dermaßen betüddelt hat, dass Du das einfach nicht mehr aushalten kannst heutzutage. Oder, oder … Egal, aber erzähle Deinem Partner, was Sache ist. Klar und deutlich. Keine Vorwürfe und eine liebevolle Stimme – dann stößt Du auf Verständnis, und beide können, was die „Behandlung" angeht, wie in unserem Fall der nächsten Krankheit gelassen entgegensehen.

122

Schicksalsschläge

Jeder hat mit Schicksalsschlägen zu kämpfen, wohl kaum einer bleibt verschont.

Ganz wichtig dabei ist zu begreifen, dass Menschen mit Schicksalsschlägen, mit Trauer oder einfach auch „nur" mit irgendwelchen negativen Vorkommnissen meist völlig verschieden umgehen. Diese Tatsache musst Du Dir immer wieder bewusst machen, bevor Du Deinem Partner sein „falsches" Verhalten vorwirfst.

Menschen sind nicht „falsch" oder „richtig". Sie sind einfach nur „anders".

Gerade wir Frauen wünschen uns häufig, dass der Partner mit uns dieses „Passierte" trägt, dass er es mit uns diskutiert und stundenlang darüber redet und vor allem auch, dass er uns *seine* Gefühle darüber mitteilt. Der Mann möchte eher das Geschehene mit sich selbst abmachen, es viel lieber verdrängen, als offen damit umzugehen. Uns Frauen hilft das Reden, den Männern macht das Reden eher Angst, und sie bekommen das Gefühl, diese „Quatscherei" nicht mehr länger ertragen zu wollen, wir verscheuchen sie damit.

Wichtig ist nun der Versuch, sich trotz aller Unterschiedlichkeit der Gefühle dem anderen zu nähern, statt sich zu entfernen.

Du musst *Dich* verstehen UND Du musst *Deinen Partner* verstehen!

Das Einfühlen in den anderen und sich selbst ist notwendig, denn dann können beide aufeinander zu- und eingehen und Wege der Kommunikation finden.

Ich habe gelernt, den ganzen Schwall, der sich in mir in einer solchen Situation regt, zu zähmen und für mich selbst erst einmal zu sortieren. Damit vermeide ich, dass ich meinen Mann damit überschütte und damit *ver*schütte! Immer mehr schaue ich auch, dass ich mich diesbezüglich zu einem richtigen Augenblick äußere. Die Atmosphäre muss stimmen. Ich kann mich noch gut erinnern, dass ich ihn früher gleich konfrontiert habe mit Dingen, wenn er nach Hause kam, und mich schrecklich geärgert habe, dass er nicht sofort voll darauf eingegangen ist. Heute kann ich ihm die Zeit des Heimkommens, des Ankommens zu Hause, geben. Wenn die Atmosphäre stimmt, wenn – was auch sehr wichtig ist – die Kinder im Bett sind und der Fernseher ausbleibt … ja dann ist die Wahrscheinlichkeit, dass *er* mir zuhören kann und das Gesagte auch aufnimmt und sich vielleicht dazu äußern kann, schon mal bedeutend höher. Diese Entwicklung war nicht leicht, und manchmal kann ich auch heute einen Ausbruch meiner Gefühle noch nicht völlig vermeiden, aber es ist alles für beide Seiten viel entspannter geworden.

Als Mann dagegen musst Du einfach begreifen, dass Frauen das brauchen, dass es ihnen im Blut liegt und dass sie es nicht stoppen können. Du musst eben auch über Deinen Schatten springen und lernen zuzuhören. Wenn ich früher von der Arbeit kam, habe ich meinem Mann ausführlich darüber erzählt, ich musste erst einmal über alle schönen und schlechten Ereignisse des Tages berichten. Meinen Mann hat das meist überhaupt nicht interessiert, aber er hat mir zugehört – für mich! Dies habe ich allerdings erst viel später in unseren Gesprächen erfahren, und seine Erklärung dazu war: „Ich merkte, dass es die Art meiner Frau war, Dampf abzulassen und alles Erlebte sozusagen ‚loszuwerden'; die Einsicht, wie wichtig es für sie war, hat mir die Kraft und Ausdauer gegeben, mir all das (für mich oft Unwichtige) anzuhören. Letztendlich hat es sich auch für mich gelohnt, denn anschließend hatte ich eine ausgeglichene Frau."

Wenn es gilt, mit dem Tod eines Menschen fertig zu werden, gibt es auch dabei eine unendliche Palette, wie damit umgegangen wird. Die einen weinen, die anderen sind wie versteinert. Die einen brauchen Menschen um sich, die anderen wollen allein sein. Die einen gehen jeden Tag auf den Friedhof, die anderen nie. Das heißt aber nicht, dass die einen trauern und die anderen nicht oder dass die einen mehr trauern und die anderen weniger – sie gehen halt nur anders damit um.

Es kann jederzeit sein, dass Du mit einer solchen Situation fertig werden musst, und da ist es hilfreich, wenn Du vorher schon einmal darüber nachdenkst und weißt, wie Dein Partner darüber denkt. Wenn Ihr schon einmal darüber gesprochen habt, seid Ihr, wenn es geschieht, mit den Wünschen des Partners vertraut.

Wenn von uns beiden nicht einer von einer Minute zur nächsten tot umfällt, sondern das Sterben ein langsamerer Prozess ist, weiß ich schon heute, dass es schwer wird, den richtigen Umgang miteinander zu finden. Ich weiß, ich möchte dann über den Tod reden; ich weiß aber auch, dass Bill es nicht möchte. Ich habe dieses Thema immer mal wieder angeschnitten, und ich glaube, dass wir beide zumindest erahnen können, wie wir dann miteinander umzugehen haben.

Die Grundtendenz kehrt immer wieder: auf die Wünsche des anderen eingehen, aber auch die eigenen nicht völlig verdrängen. Bei aller Trauer, die in Dir selbst vorhanden ist, und wie auch immer der Wunsch in Dir ist, diese mit Deinem Partner zu teilen – berücksichtige immer auch das, was *er* fühlt, selbst wenn Du es nicht nachempfinden kannst.

Auch die Beerdigung – die eines nahen Verwandten oder aber auch die Deines Partners – kann zu unnötigen Auseinandersetzungen führen. Als oberstes Gebot gilt, die Wünsche des Verstorbenen zu respektieren. Sowohl meine Tante als auch meine Mutter wollten anonym begraben werden, sie hatten es testamentarisch so festgelegt. Wir haben dem entsprochen. Du glaubst gar nicht, von wie vielen Menschen ich angesprochen worden bin, wie ich so „herzlos" sein könnte! Ob ich denn nicht ein wenig mehr für meine Mutter übrig hätte, als sie so gehen zu lassen. Ob ich zu geizig sei, ob meine Mutter mir nicht mehr wert sei. All diese Äußerungen haben sehr wehgetan. Mir war es eben wichtiger, den Wünschen meiner Mutter zu entsprechen als für die Trauergemeinde einem Klischee.

Bill will keine Feuerbestattung. Ich will aber unbedingt neben ihm auf dem Friedhof liegen, also wähle ich die gleiche Bestattungsart wie er. Wir wollen beide nur eine Beisetzung mit unseren Kindern, wir wollen keine öffentliche Beerdigung. Sowohl Bill als auch mir wäre es ein Gräuel, diese Prozedur des Händeschüttelns und der Reden über uns ergehen zu lassen. Für andere Menschen wiederum ist eine große Beerdigung von ungeheurer Bedeutung. Sie unterstützt sie in ihrer Trauer und hilft ihnen, den Tod besser zu verarbeiten.

Es schadet bei diesem Thema nicht, wenn Ihr schon einmal darüber gesprochen habt, solange sich beide noch bester Gesundheit erfreuen. Außerdem ist es, auch wenn Du noch sehr jung bist, nicht verkehrt, bereits ein Testament zu machen, denn dann hast Du zumindest eine große Chance, dass alles danach auch in Deinem Sinne geregelt wird.

Wie stehst Du zu einer Vorsorge- und Pflegeverfügung? Du stehst vielleicht mitten im Leben, der Tod bzw. eine schwere Krankheit ist überhaupt nicht in Sicht und Du meinst, dafür sei ja noch genügend Zeit? Wenn Du eine Patientenverfügung machen willst, dann tue es gleich, egal wie jung oder alt Du bist. Auch wenn diese Verfügung vielleicht unendlich viele Jahre in der Schublade liegt und nicht benötigt wird, kannst Du sicher sein, dass „im Fall der Fälle" mit Dir so umgegangen wird, wie Du es festgelegt hast. Schiebst Du diese Regelung auf die lange Bank, kann es schon morgen zu spät sein, weil Du bei Krankheit oder Unfall nicht mehr in der Lage dazu bist.

Religion

Bei diesem Thema möchte ich nur ein paar wenige Anregungen geben, denn Religion ist eine derart persönliche Sache, dass außer wenigen grundsätzlichen Verhaltensweisen kein Außenstehender Stellung beziehen kann und sollte.

Bei Bill und mir ist es so, dass er der Church of England angehört (die sowohl in die protestantische als auch katholische Richtung tendieren kann; bei ihm ist es mehr protestantisch), ich selbst bin in gar keiner Kirche, bin weder getauft noch konfirmiert und würde mich in früheren Jahren eher als „nicht gläubig" bezeichnen. Heute ist das anders: Ich gehöre zwar immer noch keiner Kirche an, habe aber zu Gott bzw. zu der „Macht über uns" ein sehr enges Verhältnis und würde mich durchaus als sehr gläubig bezeichnen. Bill war (ohne ein ständiger Kirchgänger zu sein) immer gläubig, und er hätte sich eine kirchliche Trauung gewünscht. So sehr mich die Aussicht total begeisterte und reizte, in einem tollen weißen Kleid zu heiraten, habe ich mich letztendlich dagegen entschieden, weil ich im Innern eine Barriere verspürte. Für mich hätte es sich unehrlich, unecht und falsch angefühlt. Ich wäre mir als Heuchler vorgekommen, auf der einen Seite den Glauben nicht zu haben und die Kirche abzulehnen und auf der anderen Seite die äußerlichen „schönen" Rituale einer kirchlichen Hochzeit für mein Ego zu benutzen. Bill und ich haben uns nach intensiven Gesprächen gemeinsam auf eine ausschließlich standesamtliche Heirat geeinigt.

Heute gibt es unglaublich viele „Misch"-Ehen, Katholiken und Protestanten sind hier in Deutschland sehr häufig anzutreffen, aber durch die Multikulti-Gesellschaft auch viele Verbindungen zwischen Juden, Moslems u. v. a. m.

Wenn Du einen Partner hast, der einer anderen Religionsgemeinschaft als Du selbst angehört, musst Du genau wissen, worauf Du Dich einlässt, sonst kann es ein böses Erwachen geben. Schau genau hin: Was erwartet Dein Partner von Dir und was bist Du bereit, diesbezüglich zu investieren. Auf jeden Fall finde ich es wichtig, wenn Du einen streng gläubigen Partner hast, sich mit dessen Religion und dessen Glauben vertraut zu machen. Unter „vertraut machen" stelle ich mir gemeinsame Gespräche vor, entsprechende Lektüre und – wenn möglich – auch der Besuch der entsprechenden Gotteshäuser. Erst dann kannst Du ihn verstehen und für Dich selbst die Frage der Glaubensrichtung neu überdenken.

Eine Verbindung, zum Beispiel zu einem streng gläubigen Moslem, ist sicherlich langfristig nur zu halten, wenn Du als Partner diesen Glauben auch annimmst. Wenn Du nach eingehendem Studium der Religion zu der Erkenntnis gelangst, dass dieser Glaube für Dich das Richtige ist, und Du diesem dann beitrittst, so ist es in Ordnung. Dagegen halte ich es für sehr riskant, wenn Du nur „pro forma" dem Glauben beitrittst, damit Du diesen Menschen beispielsweise heiraten kannst. In diesem Fall ist die Wahrscheinlichkeit sehr groß, dass mit dem gläubigen Partner im Laufe der Verbindung immense Meinungsverschiedenheiten und Auseinandersetzungen auftreten werden.

Wie gesagt, Religion ist eine sehr individuelle Entscheidung. Ich möchte Dir mit Nachdruck auf den Weg geben, dass Du Dich absolut gründlich über den Glauben des anderen informierst, damit Du nicht blind eine Verbindung eingehst, von der Du überhaupt keine reale Vorstellung hast.

Ganz abgesehen von einer Religionsverschiedenheit in Partnerschaften möchte ich an dieser Stelle noch einen Satz loswerden, der Religion im ganz allgemeinen Sinn betrifft:

Sei, was dieses Thema angeht, nie engstirnig, sondern übe Toleranz aus gegenüber all Deinen Mitmenschen – Deinem Partner, Deinem Nachbarn, Deiner Stadt und/oder Deinem Land sowie allen Menschen in der ganzen Welt. Nie sollte jemand einem anderen Menschen eine Religion aufdrängen oder aberkennen. Ich spreche in diesem Zusammenhang wirklich nur von Religionsgemeinschaften, nicht von Sekten. Das ist ein anderes Thema, das ich hier außen vor lassen möchte.

Das Leben einer Mutter bzw. das eines Vaters

Wenn Du keine Kinder hast, ergießt sich die ganze Liebe und Zeit auf den Partner. Wenn Kinder da sind, muss diese Liebe und diese Zeit aufgeteilt werden. Damit gehen viele ganz schwer um. Die anfängliche Freude und Euphorie über ein geborenes Kind kann sehr schnell umschlagen und die Partnerschaft in eine ernste Krise stürzen.

Wenn ein Kind oder mehrere Kinder da sind, ist der ganze Zeitplan ein anderer, und tausend zusätzliche Tätigkeiten sind auszuführen. Dennoch musst Du als Mutter mit aller Kraft versuchen, Lücken in dieser vollgestopften Zeit zu finden, wenn sie auch noch so klein sind. Der Freiraum *nur* für Deinen Partner muss gefunden werden. Wenn Du etwas zu sehr vernachlässigt (seien die Gründe dafür noch so plausibel), wird es verkümmern. Es ist dann wie mit der Pflanze: Ist sie zu sehr vertrocknet, schlägt sie auch nicht noch einmal aus, egal wie viel Wasser und wie viel Dünger Du ihr auch gibst.

Als Mann musst Du Verständnis aufbringen – und davon eine ganze Menge! Verständnis dafür, dass eine Schwangerschaft und die Zeit danach nicht der „Normalzustand" sind und es sich dabei um eine *vorübergehende* schwierige Zeit handelt. Sie verlangt von beiden Partnern enormen Einsatz, sehr viel Einfühlungsvermögen und es wäre wünschenswert, wenn beide dies begriffen, beide es verstünden und beide an einem Strang zögen. Die Probleme müssen *gemeinsam* getragen werden.

Es ist so sinnlos, wenn einer dem anderen oder sich beide gegenseitig ständig vorwerfen, was sie alles nicht mehr können, worauf sie verzichten müssen und wie sehr sie sich eingeengt fühlen. Es ist und bleibt eine Tatsache: Kinder, einmal geboren, könnt Ihr nicht zurückschicken. Sie fordern einfach alles von Euch. Ist dieses „Opfer", die Verantwortung, zu groß, solltet Ihr Euren Kinderwunsch noch einmal überdenken. Wenn Ihr aber Euer Hauptaugenmerk auf die Familie legt und Euch wirklich liebt, werdet Ihr einen Weg finden, diese schwierige und doch zugleich so wunderbare Zeit zu überwinden und Eure Liebe trotz aller Hindernisse zu erhalten und zu fördern.

Weder die Mutter noch der Vater dürfen die Aufmerksamkeit ausschließlich auf das Kind oder die Kinder richten. Besonders in dieser Zeit musst Du Deinem Partner das Gefühl erhalten, dass er für Dich noch genauso wichtig ist wie früher.

Gerade nach der Geburt spielen bei einer Frau die Hormone verrückt. Sie entwickelt sich oft voll zum „Muttertier". Vergiss nicht, dass Du neben dem Job „Mutter" auch noch die Aufgaben einer Ehefrau und Geliebten hast. Genauso musst Du als Vater begreifen, dass Deine Familie sich erweitert hat, Deine Aufmerksamkeit erfordert und Du die Aufgaben eines verständnisvollen Ehemannes und Vaters hast, der seine eigenen Wünsche auch einmal zurückstellen muss.

Fast immer ist es „nur" eine Frage der Organisation und der gegenseitigen Toleranz, um eine für alle akzeptable Lösung zu finden. Es muss einfach zwischen ICH, DU und WIR gerecht verteilt werden.

Bitte habt Verständnis füreinander in dieser schweren Zeit; ansonsten kann sehr viel dabei kaputtgehen. Macht Euch immer wieder Mut, dass es sich nur um einen *vorübergehenden* Zeitraum handelt! Redet darüber, signalisiert gegenseitiges Verständnis.

Der Umgang mit den Kindern

Oft, besonders in der Pubertät, können die eigenen Kinder zum Beziehungskiller werden. Wenn sie nicht das tun, was Du ihnen sagst, wenn sie faul und ungezogen sind und nicht um *die* Uhrzeit abends wieder zu Hause sind, die Du ihnen vorgegeben hast ... Das provoziert oft Partnerärger. Umso wichtiger ist es, dass Du rechtzeitig mit Deinem Partner eine Einigung erzielst, wie Ihr mit bestimmten Verhaltensweisen der Kinder umgehen wollt. Es ist schlimm, wenn der Vater A und die Mutter B sagt. Dann habt Ihr verloren!

Fangt rechtzeitig an, mit den Kindern zusammen etwas zu unternehmen. Motiviert sie fröhlich, Euch zu helfen, statt im Befehlston zu bestimmen. Wenn die Kinder schon etwas älter sind, schafft Euch Freiräume, in denen die Kinder beispielsweise eine Stunde allein in ihrem Zimmer mit Freunden spielen und Ihr ungestört ein Gespräch führen könnt. Es ist reine Organisationssache!

Freut Euch, wenn Freunde der Kinder gern zu Euch kommen. Versucht, dem lärmenden, fröhlichen Haus Freude abzugewinnen, anstatt Euch zu ärgern. Redet mit den Freunden, damit Ihr wisst, mit wem Eure Kinder Umgang haben. Gebt den Kindern von klein auf Hilfestellung, Verantwortung zu übernehmen und sich zu selbstbewussten Persönlichkeiten zu entwickeln.

Wenn die Kinder älter werden und ihre ersten „richtigen" Freunde mitbringen, dann entsteht wieder eine harte Zeit. Was erlaube ich, was erlaube ich nicht als Eltern. Sprecht rechtzeitig darüber, macht Euch Gedanken. Es nützt niemandem, wenn Ihr plötzlich vor solchen Problemen steht und dann keine Einigung erzielen könnt.

Ich war am Anfang schon ein ziemliches Schreckgespenst für die Freunde unserer Töchter. Sie sagten: „Wenn Deine Mutter zu Hause ist, dann kommen wir nicht mit hinein." Je mehr ich mich und wir uns zum Positiven verändern konnten, desto voller wurde unser Haus. Später, als die Kinder schon längst ausgezogen waren, kamen einige von ihren Freunden sogar noch immer zu uns und suchten das Gespräch. Das ist (leider) heute etwas seltener geworden, aber es hat nicht aufgehört. Es liegt einfach daran, dass diese Freunde unserer Kinder inzwischen selbst Familien haben und dort logischerweise voll eingebunden sind. Aber wir hatten die Zeit miteinander, wo wir uns gegenseitig „befruchtet" haben und voneinander lernen durften. Wir haben einen „Ersatz"-Sohn, der sagt heute noch: „Wenn ich damals nicht die Gespräche mit Euch gehabt hätte, wäre mein Leben nicht so positiv verlaufen, wie es heute ist." Genauso eine „Ersatz"-Tochter, die uns auch heute noch immer besucht und unseren Rat hören mag. Das ist ein wahnsinnig tolles Gefühl: Wir dürfen anderen Menschen helfen.

Viele Eltern können nichts mehr mit ihren Kindern anfangen, viele Kinder wollen keinen Kontakt mehr zu ihren Eltern. Derartige Geschichten machen mich immer sehr traurig.

Wenn Du Kinder hast, wünsche ich mir für Dich, dass Du es schaffst, ein gutes Verhältnis zu ihnen aufzubauen. Schenke ihnen Vertrauen, dann wirst Du mit großer Wahrscheinlichkeit auch Vertrauen ernten. Gib Deinen Kindern Liebe und hilf ihnen auf dem Weg zum Erwachsenwerden, und Dir wird Liebe und Hilfe gegeben.

Es ist ein großes Geschenk, auch in späteren Jahren weiterhin eine kleine Rolle im Leben Deiner Kinder zu haben. Das ist wunderbar. Allerdings gibt es dabei ein oberstes Gebot: Du darfst Dich in nichts einmischen und nichts bestimmen wollen. Wenn das Leben Deiner Kinder noch so konträr zu Deinen Vorstellungen verläuft – Du musst es akzeptieren. Du darfst, kannst und sollst Deine Meinung äußern, aber nur, wenn Du gefragt wirst.

Ein Wort noch zur Zweisprachigkeit in einer Familie. Du kannst Deinen Kindern sozusagen „gratis" kein größeres Geschenk mitgeben als eine zweite Sprache, die sie sonst später mühsam erlernen müssen. Mein Mann ist Engländer und spricht seit der Geburt bis zum heutigen Tag mit unseren Kindern nur englisch. Unser Ziel war es, dass sie spielend zweisprachig erzogen werden. Da ich mit den Kindern deutsch sprach, waren unsere Maßnahmen leider nicht ausreichend.

Wenn Du auch mit einem Ausländer zusammenlebst und Kinder hast, gebe ich Dir den Rat: Sprecht zu Hause die fremde Sprache, denn die Sprache des Landes, in dem Ihr lebt, lernen die Kinder „spielend" auf der Straße.

Wir hätten beide zu Hause mit ihnen englisch reden sollen. Der Papa war den ganzen Tag nicht da, und die wenigen Stunden des Feierabends und der Wochenenden reichten nicht aus, um eine wirkliche Zweisprachigkeit bei den Kindern zu erreichen. Das Sprachverständnis an sich wurde allerdings schon gefördert. Sie verstehen fast alles, antworten ihrem Vater aber bis heute nur in Deutsch. Als wir herausfanden, wie wir es hätten besser lösen können, war es einfach zu spät, die Gewohnheit zu ändern. Wir haben es einige Wochen versucht, aber ich kam mir so fremd vor, mit unseren Kindern plötzlich in einer „anderen" Sprache zu sprechen. Schade, aber so war es halt.

Ich werde oft gefragt, wie ich denn mit meinem Ehemann rede, welche Sprache ich benutze; dann kann ich immer nur sagen, dass ich das gar nicht so genau weiß. Es ist sehr unterschiedlich und geschieht unbewusst. Anfangs sprachen wir sicher sehr viel englisch, aber nach über vierzig Jahren in Deutschland hat sich verstärkt die deutsche Sprache eingeschlichen. Immer wieder ertappe ich mich dabei, dass ich halb und halb rede, sozusagen ein Englisch-Deutsch-Potpourri. Bill spricht mit mir wie mit unseren Kindern (außer wir sind mit anderen Deutschen zusammen) nach wie vor ausschließlich englisch.

2006 und 2008 kamen unsere beiden Enkeltöchter zur Welt. Wir waren nicht abgeneigt, aber wahrlich auch nicht wild darauf. Besonders nach all dem Stress, den ich stets mit meinen Kindern empfunden hatte in den ersten Jahren, hatte ich große Angst, als Oma nicht zu genügen.

Es kam allerdings anders. Unsere Tochter lebt auf dem Land, verheiratet, etwa 120 km von uns entfernt. Unser Wohnwagen steht dort auf dem Grundstück, und ein- bis zweimal im Monat halten wir uns mehrere Tage dort auf. Auf diese Weise wurden wir von Anfang an ein Teil dieser kleinen Familie und erlebten die Entwicklung der Kinder hautnah mit. Wir sind dort voll im Einsatz (spaßeshalber sagen wir immer: „Wir fahren ins Arbeitslager."), und wider Erwarten genießen wir es sehr. Für mich ist es, als ob ich viele Ängste von früher aufarbeiten und dadurch abschwächen kann. Als neulich meine Tochter zu mir sagte „Du bist eine tolle Oma und Papa ein toller Grampy (Opa)", das war für mich ein unbeschreiblich schönes und erleichterndes Gefühl.

Auch bei Enkelkindern gilt: Folge nicht Deinen eigenen Vorstellungen, sondern versuche immer, alles so zu tun, wie es die Eltern für richtig halten. Gib ihnen Ratschläge (wenn sie diese hören wollen), aber respektiere, wenn sie anderer Meinung sind.

Hilfe annehmen, wenn es allein nicht geht

Wenn es in Deiner Partnerschaft überhaupt nicht läuft oder Du schon so viele „irgendwie gleiche" Partnerschaften erlebt hast, die immer wieder aufs Neue nach wenigen Monaten/Jahren zerbrechen, dann ist es sicher hilfreich, wenn Du Dir einmal die Zeit nimmst, darüber intensiver nachzudenken. Horche in Dich hinein und schau, wo Deiner Meinung nach die Ursachen liegen.

Wir alle sind zunächst immer schnell geneigt, die Gründe und damit den „Fehler" beim anderen zu suchen; doch sehr häufig liegen sie in uns selbst. Ganz abgesehen davon ist „die Schuld" bis auf wenige Ausnahmen grundsätzlich immer bei beiden Partnern zu finden. In diesem Zusammenhang spreche ich aber gar nicht gern von „Schuld", da es sich oftmals um anerzogene und/oder erworbene Eigenschaften handelt und der betroffenen Person dieses „falsche" Handeln überhaupt nicht bewusst ist.

Wir alle kennen bestimmte Verhaltensmuster, und auf diese Muster fallen wir oft immer wieder aufs Neue herein. Warum trennen sich Menschen von ihrem alkoholkranken Partner und stolpern schnurstracks wieder in eine ähnliche Partnerschaft hinein? Warum finden sich Menschen, die als Kind geschlagen wurden, oft in einer Ehe wieder, wo sie auch geschlagen werden? Es ist das bekannte Muster, da fühlst Du Dich „sicher", und deshalb suchst Du wohl unbewusst danach.

Vieles kannst Du selbst erkennen und selbst ändern, wenn Du das Problem erkannt hast und intensiv daran arbeitest. Wenn Du es aber nie schaffst, aus einem gewissen „Teufelskreis" selbst herauszukommen, dann solltest Du auf jeden Fall über eine Therapie nachdenken.

Therapie heißt nicht Klapsmühle!!! Das kann man gar nicht oft genug sagen. Ich selbst habe viele Jahre lang Therapie gemacht, auch einige Jahre zusammen mit meinem Mann – aber wie oft habe ich es erlebt, dass Menschen, denen ich davon erzählt habe, wie viel Gutes es bei mir/uns bewirkt hat, sofort eine Art Schranke herunterließen und signalisierten „Ja, ja – mag ja sein, aber *das* brauche *ich* ganz sicher nicht!"

Als ich Kinder bekam, fühlte ich mich ständig überfordert. Ich hatte den Anspruch, immer mindestens hundert Prozent zu geben, aber natürlich konnte ich das nur selten erfüllen. Es hatte zur Folge, dass ich unzufrieden und gleichzeitig immer nur mit einem schlechten Gewissen behaftet war. Das hat unsere Partnerschaft sehr belastet. Ich habe es nur der unglaublich ruhigen Art meines Mannes und seinem alles hinnehmenden Wesen zu verdanken, dass wir zusammengeblieben sind. Zu „verdanken" habe ich es außerdem unserer Ältesten, die irgendwann nicht mehr so funktionierte, wie ich es mir wünschte. Zu Hause tat sie sehr häufig nicht das, was ich von ihr verlangte, und sie war unglaublich unordentlich. Ich fand Essensreste im Tornister sowie Altpapier in ihrem Zimmer und andere Dinge, die sie aus dem Mülleimer wieder hervorgeholt hatte. Immer mehr fragte ich mich, was ich wohl falsch machte. Da mein Kind nicht funktionierte, musste ich ja etwas falsch gemacht haben. Das ging übrigens so weit, dass, wenn eines unserer Kinder krank wurde, ich immer sofort das Gefühl hatte, eine schlechte Mutter zu sein und „wieder mal" versagt zu haben.

Als uns der Lehrer zu einem Gespräch bat und uns erzählte, dass sie in der Schule völlig unaufmerksam sei und oft mit dem Kopf auf der Bank während des Unterrichts schliefe, war ich irgendwie am Ende.

Aber jedes Negative hat etwas Positives. Das war mir damals nicht bewusst, aber heute weiß ich, dass ich dadurch die Chance bekam, etwas in meinem/unserem Leben zu verändern.

Der Lehrer riet uns, mit unserer Tochter zu einem Therapeuten zu gehen, er sähe Handlungsbedarf in dieser Richtung. Es war wohl das einzige Mal in meinem Leben, wo mein „Funktionieren" von Vorteil war. Ich stellte es nicht in Frage, dachte auch nicht weiter darüber nach. Man sagte mir, ich solle zu einem Therapeuten gehen mit unserer Tochter, also tat ich es. Meine naive Grundhaltung war, dass ich allen Ernstes glaubte, ich würde sie so ca. drei Monate lang jede Woche dort hinfahren … und am Ende hätte ich dann eine therapierte Tochter, die im Ergebnis so „funktionieren" würde, wie ich es wollte.

Natürlich kam alles anders. Ich hatte das wahnsinnige Glück, dass der Therapeut gleich zu Anfang meine Problemsituation durchschaute und meinte, es wäre empfehlenswert, wenn erst einmal ich „einige" Stunden zu ihm kommen würde. Wieder kam mir mein „Funktionieren" zugute. Wenn er das sagt – okay. Daraus sind viele Jahre geworden. (Die Kinder haben teilweise nebenher bei einer anderen Person Therapiestunden gehabt.)

Am Anfang war die Therapie für mich wie eine Art Schuttabladeplatz, wo ich meinen ganzen Frust über die „Schlechtigkeiten", die ich zu Hause von Mann, Kindern, Freunden usw. hatte erleiden müssen, loswerden konnte. Bis ich fertig war, war die Stunde immer schon um. Erst allmählich gingen die Gespräche tiefer, und ich kam immer näher zu mir selbst und meinem Verhalten auf den Grund. Ich war in der Lage, hinter meine Verhaltensmuster zu schauen, Erklärungen zu finden und viel über mich nachzudenken. Eine langsame Veränderung zum Positiven begann. Leider musste ich wie viele andere auch erfahren, dass die Erkenntnis über Fehlverhalten noch lange nicht sofort in „richtiges" Verhalten umgesetzt werden kann. Es ist ein langer, mühsamer Prozess. Aber einer, der sich lohnt.

Heute haben wir ein wunderbares Verhältnis zu beiden Kindern.

Ich will nicht verhehlen, dass es eine Menge Therapeuten gibt, aber leider sind nicht alle auch unbedingt gut. Wir hatten einfach Glück. Wenn Du Dich für eine Therapie entscheidest, so muss Dir bewusst sein, dass es viele schwarze Schafe auf diesem Gebiet gibt. Ein Therapeut ist auch ein Mensch, der seine Probleme hat.

Klar ist, die Chemie zwischen Therapeut und Patient muss stimmen. So wie Du einige Menschen mehr magst und andere weniger, einfach weil Du einige besser und andere weniger gut „riechen" kannst, so passiert Dir das auch mit einem Therapeuten. Wenn dem so ist, dass Du mit dem Therapeuten nicht klarkommst und nicht warm werden kannst, dann scheue Dich nicht zu wechseln. Solltest Du allerdings bereits vier- oder fünfmal und immer wieder dieser Ansicht gewesen sein, so könnte es auch ein Zeichen dafür sein, dass Du eigentlich gar keine Therapie willst bzw. noch nicht so weit bist, bei Dir wirklich hinzugucken.

Bei uns hat die Therapie die Familie im wahrsten Sinne des Wortes gerettet, und es vergeht kein Tag, an dem ich dafür nicht dankbar bin. Schließlich habe ich durch die Therapie das Handwerkszeug bekommen, den Weg zu meinem Ich zu finden, mich selbst zu verstehen, mich selbst zu lieben und einen sehr viel besseren Umgang mit all meinen Mitmenschen zu bekommen.

Vieles habe ich leider auch nicht mehr erreichen können, dazu war ich zu kaputt, aber ich habe eine große Gelassenheit und für mich ausreichende Zufriedenheit gefunden und glaube, wenn ich eines Tages gehen muss von dieser Erde, dann kann ich sagen, dass ich durchaus noch ein gutes und schönes Leben habe leben dürfen.

Ich habe so ausführlich von meiner Therapie gesprochen, um aufzuzeigen, welche enorme positive Veränderung sich bei uns dadurch eingestellt hat. Allein wäre ich aus meiner Situation nie herausgekommen.

Oberstes Gebot ist, selbst etwas zu tun und sich zu bemühen. Bei sich zu schauen, mit dem Partner zu sprechen – eben all die Dinge, die ich in den vorangegangenen Kapiteln angesprochen habe. Wenn Du mit Deinem Partner allerdings nie zu einem Ergebnis kommst, Ihr Euch immer im Kreis zu drehen scheint und ohne Wenn und Aber immer noch den festen Willen habt, eine positive Veränderung zu schaffen – dann nehmt Euren Mut zusammen und sucht Euch Hilfe. Bei mir hat die Therapie viele Jahre gedauert, das ist nicht die Norm. Oft genügen wirklich schon einige intensive Gespräche, die wesentliche Verbesserungen schaffen können.

Bevor es zu einer schmerzlichen Trennung kommt, ist der Weg zu professioneller Hilfe sicher die bessere Lösung. Selbst wenn es sich später herausstellt, dass die Partnerschaft trotz aller Bemühungen nicht hält, wirst Du unendlich vieles aus der Therapie mitnehmen, das Dir hilft, in einer neuen Partnerschaft besser klarzukommen.

Scheidung/Trennung

Wenn alle Versuche, Probleme zu lösen, scheitern und alle Möglichkeiten ausgeschöpft sind, bleibt letztendlich nur die Scheidung bzw. die Trennung. Das ist immer ein sehr trauriges und schmerzhaftes Kapitel, denn meist bringt eine solche Entscheidung viel Leid mit sich, besonders wenn Kinder involviert sind.

Ich bin kein Verfechter der These, man solle „der Kinder wegen" zusammenbleiben. Damit erhält man eine Pseudo-Partnerschaft aufrecht, und selbst die kleinen Kinder durchblicken dieses „Spiel". Sie können dann ihre Gefühle nicht mehr richtig zuordnen. Es wird ihnen eine gute Partnerschaft vorgespielt, aber sie spüren, dass es „falsch" ist; das heißt, sie können sich auf *ihr* eigenes Gefühl nicht mehr richtig verlassen, da es manipuliert wird – und so werden sie auch in vielen anderen Bereichen Zweifel bekommen und ihrem eigenen Empfinden nicht mehr richtig trauen können.

Wenn einer den anderen verlässt oder auch wenn beide zu der Einsicht gelangen, die Partnerschaft ist nicht mehr länger tragbar – wenn Du jemals in eine solche Situation kommst, so möchte ich Dir auch hierfür ein paar wenige Tipps mitgeben. Allerdings kenne ich diese Ratschläge nur durch das Beobachten und die Mitteilungen von anderen Paaren. Ich selbst habe dieses, Gott sei Dank, nie durchleben müssen.

Denke immer daran, dass es in dieser nun „schlechten" Beziehung auch gute Zeiten gegeben hat. Bemängele nicht immer ausschließlich das, was der *andere* falsch gemacht hat, sondern schaue auch bei Dir selbst hin und versuche, Dein eigenes Verhalten selbstkritisch zu betrachten.

Geht höflich miteinander um und versucht, ein Anschreien zu vermeiden. Verliert bei aller verlorenen Liebe und Zuneigung nicht auch noch den Respekt voreinander!

Es ist wirklich selten, aber ich kenne drei Paare, denen ist eine „friedliche" Scheidung gelungen. Sie haben später oft die Geburtstage der gemeinsamen Kinder friedlich zusammen feiern können. Selbst bei den Hochzeiten der eigenen Kinder waren sie beide anwesend; in einem Fall sogar beide Eltern mit ihren jeweils neuen Partnern. Es war einfach der Respekt für den anderen und für dessen Gefühle da. Für Kinder ist es allemal einfacher, wenn sich die Eltern auf so eine friedliche Weise trennen können. Allerdings wird ein gutes Einvernehmen oft nicht sofort möglich sein, weil am Anfang ein zu großer Scherbenhaufen aufzuarbeiten ist, wo Verletztsein, Trauer, Wut und manchmal sogar Hass größer sind als jegliches Verständnis für den anderen. Ihr müsst wahrscheinlich erst die Distanz suchen, um Euch dann in freundschaftlicher Weise wieder treffen zu können. Dies aber bleibt nur möglich und offen, wenn der gegenseitige Respekt nicht beim Rosenkrieg völlig verloren gegangen ist. Setzt alles daran, dass Ihr das Ziel niemals aus den Augen lasst, am Ende einen möglichst friedlichen Umgang miteinander zu erreichen.

Als ich jung war und man hatte eine Partnerschaft beendet, war es meist ein Ende für immer. Bei unseren Kindern konnte ich es oft beobachten, dass nach einer Trennung zwar erst einmal „Sendepause" herrschte, um die ganze Trauer zu verarbeiten. Aber dann haben sie sich wieder getroffen und konnten ganz „normal" miteinander umgehen, und zwar auf einer netten und freundschaftlichen Basis. Wir hatten so manches Mal bei uns im Haus eine Ansammlung von vielen jungen Leuten, bei denen A sowohl schon mit B als auch mit C zusammen war sowie C sowohl mit D als auch mit F ein Paar gebildet hatte. Trotz dieser „Vermischung" war das Miteinander aller in keiner Weise getrübt oder schwierig.

Für Deinen Seelenfrieden ist es mit Sicherheit besser, sich an die guten Seiten Deiner ehemaligen Ehe bzw. Partnerschaft zu erinnern, als erfüllt zu sein von vielen negativen Wut- und/oder Hassgedanken. Solche schlechten Gedanken vergiften Deine Seele und beeinflussen Dein zukünftiges Handeln, auch wenn Du das selbst eventuell nicht wahrhaben willst.

Schlussbemerkung

Ich danke Dir, dass Du mir zugehört hast, und hoffe, die richtigen Worte gefunden zu haben, um Dir die eine oder andere Hilfestellung zu geben.

Leider konnte ich Dir keine Patentlösungen liefern. Es wäre so schön, könntest Du nur irgendwo auf einen Knopf drücken, alle Probleme würden sich in Luft auflösen, und fortan hättest Du Dein restliches Leben lang eine wunderbare harmonische Partnerschaft.

Ich konnte Dir nur Anhaltspunkte, Anregungen und Stichpunkte geben – die wesentliche Arbeit liegt nun bei Dir und Deinem Partner. Verändern wird sich nur etwas, wenn Ihr beide es auch wollt und Ihr Euch nie auf dem bereits Erreichten ausruht.

Es wird nicht immer leicht sein, aber aus meinen Erfahrungen heraus kann ich nur sagen, dass es sich lohnt und dass Dir durch mehr Harmonie in der Partnerschaft auch ein Mehr an Zufriedenheit in Deinem größeren Umfeld widerfährt.

Es passiert sehr schnell, dass Du in alte Verhaltensmuster zurückrutschst. Greife immer mal wieder zu diesem Buch und blättere in den einzelnen Kapiteln. Vor allem lies Dir des Öfteren den Spruch auf der ersten Seite über das *DU und ICH* durch.

Diese Zeilen nicht nur zu lesen, sondern sie auch zu leben – das ist mit Sicherheit ein riesengroßer Meilenstein zu einer harmonischen Partnerschaft.

Ich wünsche Dir ein glückliches und zufriedenes Leben. Möge stets ein Schutzengel Dich begleiten.

*Trotz intensiver Recherchen ist es uns leider nicht gelungen,
den Autor des Gedichtes auf Seite 5 zu ermitteln.*